敦珠林巴法相

1980 年代初期的敦珠法王

THE POINTING OUT INSTRUCTIONS FOR
ENCOUNTERING ONE'S TRUE FACE,
CALLED BUDDHAHOOD WITHOUT MEDITATION
（ Known as 'Nang Jiang' ）

不依執修之佛果

自性大圓滿
現證本來面目教導

敦珠林巴◎原著

敦珠法王◎攝義科判　嘉初仁波切◎講解

丁乃筠、楊弦◎中譯

目錄

英譯者桑傑康卓序

　　由於嘉初仁波切的年紀和身體健康緣故，仁波切無法親筆為此書寫序，而囑咐我代筆，為這個殊勝的法本中文譯著寫一些介紹。因為它的出版，未來將會造福難以數計的眾生。仁波切一直認為這個通過淨觀，偉大的伏藏師敦珠林巴書寫的伏藏啓示，是今世和未來世一個舉足輕重的佛法教導。雖然該教法原屬於祕密大圓滿口訣部祕密心髓法教，一向不輕易傳授。但如今只要對於擁有這個傳承堅強的信念，和願意靜慮觀照傳承祖師和現存傳法者與最終實相的關係，這個教法將向他們展示其奧祕。

　　這就是《淨化顯相（囊將）》一書要指明的主要緣由。藉著逐步轉變的淨化，如何根據自然顯相，以認知實相的基礎去認清顯相本質。這種教法，是讓我們和大師本人一起探索，然後通過我們自己的分析，來決定現象的原本自性為何，以及如何實際地去理解向我們顯示的現象本質。敦珠林巴大師為自己尋找答案時不遺餘力，為了實現此目的，他以回想他的主要智慧導師觀境中尋求答案。這是一個通過範例的典型教學方式，因此也構成像他這樣的轉世上師生命中發生的一種解脫過程（藏文稱之為 Namthar）。

　　鑑於一個如敦珠林巴偉大的化身上師，他選擇轉世爲調伏人類的肉體化身，他也要去面對不純淨現象和世間的不確定性。因此，他向我們展示他必須質疑的現象界，並試圖發現在這個領域的純淨本質。這是證悟的大師顯示他的大慈悲心行，以滿足那些被調伏眾生的需求。這也是啓發我們如何以他們爲榜樣的用心。

　　當我於 1976 年第一次遇見嘉初仁波切時，仁波切已經提到有關敦珠林巴的《囊將——淨化顯相》啓示的重要性。後來在 1983 年，在我進行第一個嚴格閉關時，我幸運得到嘉初仁波切給予這個法本的口傳和教導。上師並和我對照法本，對它開始作一些初步的英文翻譯工作。

　　在將近十年後的 1991 年，嘉初仁波切在新墨西哥州傳授此教法，同時也傳授了《敦珠新巖藏法》（Tersar）。以後嘉初仁波切在其他場合也傳了這個重要的口傳和教學。嘉初仁波切和其他認識親近的傳法上師都認爲這是一個能夠依賴和接受，去了解和認識「立斷轉入純淨」（kadag trekcho）最重要的法本之一。

　　嘉初仁波切很高興看到丁乃筠和楊弦的翻譯努力，終於完成並有緣能夠以中文出版，使這個伏藏大師的珍貴教法得以和識得中文的金剛乘兄弟姐妹們分享。仁波切特別對丁乃筠的獻身佛法尋求即生解脫的精神感到非常安慰。因爲她真正爲佛法

獻身，甚至犧牲了自己的生命，在修持佛法以及單獨閉關正課之餘，多年來從事重要佛法的中文翻譯工作。

在這個末法時代，很少有修行人爲達到證悟，能夠從這個世界的糾葛中出離。更難得的是，在這些少數人中，她來自一個有聲望的家庭背景，受過高等教育，有機會能在世俗生活中成就事業，但是她選擇放棄這一切，到美國奧立崗州山上發願終生閉關，直到證悟。這對女性更是罕見，她有著美麗和才華，仍然徹底清除對所有世俗的關注，39歲起在隔離的環境中閉關了十四年，這是了不起的。即使乃筠後來發現她的健康有了危機，但是她堅持不出關去醫院接受傳統方式的檢查治療。在她生命的最後半年，由於身體不適，下山後在親友家靜養時，仍選擇不改變禪修環境，保持在半閉關的狀態修行，這表明了她保持著對佛法修行深刻和獨特的承諾。

基於以上所有的原因，嘉初仁波切衷心地推薦這本書，它是由勇猛摧魔金剛敦珠林巴取出伏藏精華的啓示，希望此書對於所有認眞的無上瑜伽大圓滿傳承修學者，在修學旅程中，能夠幸運和成功地實證無所不在的顯像本性，包括這個世界和超越此世間的現象。願這些努力未來會帶來無數眾生的解脫證悟。

桑傑康卓（Sangye Khandro）

2012年7月28日（藏曆六月十日蓮師吉祥日）

中譯者楊弦序

　　本書所講述的教法是由十九世紀伏藏大師敦珠林巴（摧魔洲尊者）原著，原文完整的標題名字是《不依執修之佛果——自性大圓滿現證本來面目教導》，英文譯名為《From The Natural Great Perfection, The Pointing-out Instructions For Encountering One's True Face, Called Buddhahood Without Meditation》，但是在藏地多稱為《囊將（淨化顯相）—— NAN JIANG》，內容屬於大圓滿教法中「立斷」（切斷似乎實存的）（藏文：確且）的教法。此教法的論體，採用作者在夢中或定中與祖師、菩薩、成就佛果者對話方式，詮釋次第和成就稱謂，原來藏文的章節顯示分段論述方式，在一些英文譯本中不再採用。書中為了方便索查，用以上和祖師、菩薩、成就佛果者的對話方式為章節，所以此中文譯本也用此種方式編排。有英文的譯本，將藏文主題譯為 Buddhahood Without Meditation。「Meditation」一般多譯為禪修，但是為了避免和佛典常用的禪修，禪定法義混淆，同時藏文也是大圓滿專門的名稱，所以改為用「執修」一詞，意為不依靠觀念造作的修法，而直證原本佛性之教授。

　　原論加上經過敦珠林巴的立即轉世、業已圓寂的寧瑪派

法王敦珠仁波切（1904-1987）在生前編輯整理原文和攝義科判，再加上由尊貴的嘉初仁波切在 1991-1992 年在美國新墨西哥州桑塔費（Santa Fe）以藏文講解，桑傑康卓女士英譯的文稿❶，集合起來翻譯成中文所組成。所以文中會以三種不同字體形式來區分，採用直接將敦珠法王的攝義科判嵌入在原文之中，如此讀者在閱讀時更容易了解文意，方便識別閱讀。本書原文的前半部分是由我翻譯，原文另一半和所有嘉初仁波切的講解均是由丁乃筠生前在奧立崗州愛墟蘭市（Ashland）塔西雀嶺佛法閉關中心（Tashi Choling Temple）附近小屋閉關時翻譯完成。所有電腦打字完成的初稿也是由丁乃筠完成，然後我們再校對和修正翻譯。我們的翻譯，也完全使用以口語化的白話文來譯出，方便一般大眾了解。另外如果讀者有興趣參考由藏文翻成傳統中文的出版書籍和英文書籍，也在結尾列出供作參考❷❸。

　　由於嘉初仁波切在講解後，學生的記錄中並沒有完全指明何處是原文、何處是講解，所以乃筠花費了很多時間對照原文和其他英譯法本❸，再將原文和講解以不同字體分列，使文意更為清楚。2002 年完成初譯的稿件後，乃筠曾表示希望慢慢再校勘一段時間，再印行供學法者參閱。但世事無常，乃筠在 2004 年 1 月農曆除夕，遺憾地因乳腺癌蔓延肺部，最後無痛苦地平靜吉祥往生（往生前在住所幫忙修法的堪布和她的三妹

乃簪聽到在虛空有迎請號角樂聲響起，我打電話向嘉初仁波切告知時，嘉初仁波切說他夢見乃筠現本尊成就顯像，對我說她終於悟到了）。

　　為了完成乃筠的未竟心願，我繼續抽空勘校，希望使有心修習無上密法諸同修，得以閱此珍貴原文和講解。就像敦珠仁波切所言，此「囊將」法本有如「法界的舍利子」，是異常珍貴的。

　　根據嘉初仁波切曾教導，以及曾為另一原文英譯法本 ❸ 撰寫序言，已經圓寂的恰都仁波切所述，此法本和講解原本僅供修完四加行（即修完皈依、發菩提心頂禮，誦唸金剛薩埵百字明、供曼達、上師相應法，以上每一種各十萬遍）的學生，以及有得到本傳承的大圓滿法灌頂、此法本口授傳承（瓏 LONG ──用藏文將法本口誦一遍文字傳授）和解說的修行者閱讀，如此才能得到最大的助益。如果一時不能滿足以上條件，仍可以先行閱讀，但是日後仍宜得到傳承上師的口傳，如能夠得到講解傳授更好，才能得到更大的助益加持和深入了解。如果只是結緣請購，可以虔誠供置於家中佛堂上，祈願今生或未來世能夠有機會得到大圓滿傳承上師灌頂傳授和解釋。能滿足以上條件，則可以確定能破除障礙得到加持，在今世和來世獲得大助益。

　　本書完稿後，也要感謝敦珠法王著作《藏傳佛教的寧瑪學派》的中文譯者葛光明先生幫忙校對指正。我還要感謝橡樹林

出版社總編輯張嘉芳女士，有興趣並承諾出版這本較爲深奧的大圓滿著作翻譯。翻譯未圓滿的地方，希望諸先進學者不吝指正，以便再版時審查修正。

　　最後願以此翻譯之功德，祈願無邊眾生早證最上佛果，祈願嘉初仁波切（2013 年爲八十八歲）身體健康，長久住世，度化利益眾生；並祈願本書的主要譯者丁乃筠同修，於法界中早證最上佛果，儘早得圓滿轉世身，度化十方三界，利益無量有情。也祝願有緣能和此書結緣的中文讀者同修，能夠了悟證得無上大圓滿教法而得即生成就或臨終時立生淨土。也祈願蓮師諸佛菩薩加持，使大圓滿教法能常駐弘揚於此末法時代，使眾生迅速成就無上佛果。

楊弦　2013 年 5 月　謹記於美國加州

譯註

❶ 美國 Vimala Treasure（無垢法寶文獻出版社）編輯：嘉初仁波切講解／桑傑康卓 英 譯（From The Natural Great Perfection, The Pointing-out Instructions For Encountering One's True Face, Called Buddhahood Without Meditation, April 1993）

❷《無修佛道》，許錫恩翻譯，談錫永導論（全佛出版社，二〇〇九）。

❸ 此法本英文原文翻譯中文係參考 Richard Barron 藏文英譯一書《Buddhahood Without Meditation》（Padma Publishing Co. 出 版，1994），以 及 Pacific Yeshe Nyingpo 附 屬 的 Vimala Treasures 提 供 的 英 文 譯 稿 和 講 解 " THE POINTING OUT INSTRUCTIONS FOR ENCOUNTERING ONE'S TRUE FACE, CALLED BUDDHAHOOD WITHOUT MEDITATION"（K nown as 'Nang Jiang'）以及藏文法本。英文講解內容也係由 Vimala Treasures 提供。敦珠法王撰寫的攝義科判（大綱結構分析）的中譯，大部分係根據 Padma Publishing Co. 的英譯本和對照藏文翻譯而成。

大伏藏師敦珠林巴
（第一世敦珠法王）簡介

轉世授記

當持明伏魔金剛仁珍敦都多傑（1615-1672）於蓮師剎土之「蓮花光宮」內享受法宴時，蓮師應伊喜措嘉佛母之請，命敦都多傑前赴藏東地區以利益有情，並與之曰：「於汝徒眾中，與汝具夙生善緣者共三千；逾五百位利根者將能即生證得菩提。廿五王臣將會當密使來襄助，並有十位伏藏師與你同時出生。另外還有七位密法成就者將會成為你的子孫。」

降生緣起

大伏藏師敦珠林巴（意為「摧魔勇猛」，亦即是敦珠仁波切第一世），又名嘉王敦珠巴窩，於 1835 年虹光蘊中，誕生在藏東地區之「些山谷」下游。敦珠林巴生而具有大智慧與神通天賦條件，於幼年時，已開始展示出極少數大成就者所擁有的奇異稀有成就。

受法情況

　　雖然大多數時間他是處身於凡人之中，但敦珠林巴從來沒有離開諸佛剎土。他從人間上師中，只受過極為有限之法要與傳授，包括有：吉美喇嘛、蔣揚喇嘛、噶陀澤渣活佛及巴楚仁波切。但因其經常處於甚深之清淨相中，自諸佛及聖者們處得到許多教法。如是諸佛及聖者們、勇父及空行等，均恆常護持、眷顧及滋養孕育尊者的身心。

生平事蹟

　　敦珠林巴身材健碩，深棕色皮膚，面露半忿怒相，眼睛大而炯炯有神。身穿白色密袍，並戴上耳環及其他裝飾。尊者經常把長髮的一半束髻於頂上，餘下一半則任其披肩。於其一生中，敦珠林巴經常遇到無數的障礙及逆緣，但他總能將之全部轉化為弘法之助緣。雖然他晚年身體違和，尊者卻能以神通之力，甚至於只是一個姿勢，便能醫治很多病患。當敦珠林巴望向前方時，即使最親密的弟子也不敢於其前面走過，因為他們害怕他那雙炯炯有神的眼睛。由於尊者之身軀給予眾人極奇妙之感覺，故在果洛地區之人在祈禱時，不依慣例向上師之身、語、意作為祈禱，而是說：「啊！摧魔之身。」

開發伏藏

敦珠林巴於二十三歲時，由自己之出生地「些谷」移居至「瑪谷」，並住上多年，在此處一直受著吉裡家族之供養，因而被人成為吉裡伏藏師。於二十五歲時，敦珠林巴在瑪谷一處名為巴德爾的巖石中，開顯出「授記」，並指示他如何去開發他自己的伏藏。同年，根據「授記」之開示，敦珠林巴在些谷的「阿拉得茲」地方，開始開發出其主要之「地巖藏」伏藏。自此，敦珠林巴不斷開發出一共有二十函的岩藏法要及諸多聖物。此等「意巖藏」及「地巖藏」之伏藏，乃蓮師本人於九世紀所巖藏的伏藏，現在這些巖藏之法寶被稱為《敦珠新巖藏伏藏》。有記載曾如此描述，當時兩位享譽盛名的伏藏師，蔣揚欽哲旺波及蔣貢康楚第一世，邀請敦珠林巴將其「新巖藏伏藏」結集於他們的《大寶伏藏》內。但敦珠林巴很有禮貌地婉拒了他們的好意，並謂：「無論在任時何地有《大寶伏藏》之傳授，則同樣會有《敦珠新巖藏伏藏》的傳授。」

晚年事蹟

除了曾兩次短暫停留於「渣朱卡」山谷外，敦珠林巴一生主要居住於三個地方：藏東的「些谷」、「都谷」及「瑪

谷」。當他四十六歲時，敦珠林巴遷往喇榮及「些谷」上游一帶。於五十四歲時，尊者遷移至「都山谷」上游之裡峽中，並在此修建德生加生崗閉關中心（安居善緣寺），直到終老。

於其晚年，敦珠林巴有意前往開發中藏之「工布山谷」的聖地「貝瑪貴」。此地為蓮師加持之四大祕密聖境之一，專為生於黑暗時期之至誠修行者作隱蔽修持之用。但由於因緣未具，敦珠林巴授記他的下一世將降生此地，並親自為之開發。

敦珠林巴預言他的下一世：「所有曾經與他接觸過的有情，無論是與其見面、回憶，抑或是親身接觸，皆能獲得解脫，並且將會投生於未來之『香巴拉國』（Shambhala）。」

一百多年前，敦珠林巴是第一個在喇榮地區建立道場的人。弟子中有一百餘人虹光身成就。二十八名伏藏法主，獲得殊勝成就的十六位，證得上師密意的幾百名弟子，獲得解脫道種子者千名、結緣者幾十萬。1904 年初，敦珠林巴和他的十三名弟子一起將其色身攝於法界之中證得「虹光身」而圓寂，享年七十歲，留下了有忿怒蓮師多傑卓絡（忿怒蓮師）像的心舌眼，許多的靈體奇觀成為一切眾生依止對象。如是敦珠林巴示寂後，並於同年底降生於「貝瑪貴」，是為依怙主敦珠吉札伊喜多傑〔意為「無畏金剛智」，即敦珠仁波切第二世（1904-1987）〕。

其家族成員與及弟子

敦珠林巴共有八子，而且全是有名的轉世活佛：

（一）吉美天沛尼瑪活佛（1865-1926），即多竹千仁波切第三世。

（二）親珠針寧旺教活佛（1868-1907），乃都親尊之轉世。

（三）車約榮增清摩之轉世，但於年幼時夭折（轉世為無垢光尊者）。

（四）伏藏師之子尊美峨些（無垢光尊者）（1881-1924），乃大學者與伏藏師，其佛母乃著名之智慧空行母色拉＼康卓爹威多傑（1899-1952）。

（五）哈清陀教活佛，或簡稱天力活佛。

（六）貝瑪多傑活佛（蓮花金剛）（住於多竹千寺院內）。

（七）巴楚南開吉美活佛（虛空無畏），乃巴楚仁波切之轉世。

（八）伏藏師之子多傑贊嘟活佛（金剛摧敵）（1891-1959），乃敦珠林巴最年幼的兒子，並為其父親於德生加生崗閉關中心（安居善緣寺）之繼承人。

而根據依怙主敦珠仁波切第二世，於其著作《西藏古代佛教史》之記載，其傳承裡亦有不少修行人有如此證量。（以上資料節錄取自網路佛教網站和寧瑪・文殊翻譯小組）

敦珠法王二世吉札伊喜多傑降生傳記

　　法王敦珠仁波切，吉札伊喜多傑（無畏金剛智），於 1904
年在西藏邊境的貝瑪貴地方誕生。誕生時，他的前身敦珠林巴
仍然住世。敦珠林巴親自給了他特別開示，去找到他原本的化
身。他父親是突庫‧蔣佩‧諾布，一位卡南的王子，赤松德贊
的嫡傳後裔，母親是朗傑卓瑪。年輕時，法王直接從蓮師、伊
喜措嘉和文殊師利得到傳法與加持。他從彭貢‧突庫‧久美‧
涅東‧旺波（Phungong Tulku Gyurme Nggedon）、傑宗‧聽
列‧羌巴‧烔內（Jedrung Trhinle Campa Jungne）、久美‧
彭迭‧哦澤（Gyurme Phendei Ozer）、敏珠林的朗卓‧江措
（Namdrol Gyamtso）、根頓‧江措（Gendun Gyamtso）和肯
波‧阿藤（Khenpo Aten）等諸位上師承接了「寧瑪學派」的
所有法脈。

　　他精通西藏佛教的每一學派，是一位證悟的瑜伽士及修持
大師，一位封存的「伏藏法」取伏藏師，與蓮花生大士無二
無別，是最豐盈的當代西藏學者，一位為了饒益眾生而連續
十七次轉世的上師。這些轉世化身，在古印度，包括：釋迦牟
尼佛的上座弟子舍利弗，大成就者薩惹哈，因札菩提王的教
務大臣庫希那，以及吽迦羅尊者。在西藏，包括有蓮花生大士

的二十五高足之一，科瓊羅叉瓦，念慧稱等，畢生致力於從
「早譯學派」（寧瑪）到「晚譯學派」的轉承；包括，領先在
寧瑪學派裡編著主要論藏的榮宗班智達；在東藏創建卡托寺的
卡托坦巴爹榭（1122-1192）；在中藏建立薩迦政府的邱傑帕
科巴（1735-1780）；在西藏東南蒲瓦地區以發現封存「伏藏
法」而知名的日津督寶多傑（1615-1672）；復興卡托的給彥
松朗迭眞；以及發現「新伏藏」（Tersar）的取伏藏師敦珠林
巴（1835-1904）。

　　敦珠法王是一位驚人豐饒博學的學者，他的著作全集多達
十九大部藏冊，並且身爲重要西藏文教的作者，他肩負類似
《寧瑪教傳》五十五巨冊的重任。 在十四歲之年，他傳授了一
部寧瑪法系之「伏藏」經文大全**《大寶伏藏》**的主要灌頂。從
那時起，他還傳授了許多不同「伏藏」法集的主要灌頂，並且
同時編纂過許多修持儀軌，闡釋佛法的殊勝密義。他對自己
前世所授之法，以及自己今世所取「伏藏法」，編纂了許多的
「論」。這些「法」主要都是持明主的直接「意伏藏」或「心
伏藏」，能於一生之中導致「虹光身」的無上證悟，如今廣被
修學弘傳。在十七歲時，他造了首部**《大圓滿》**的誦論。他的
學問與修持大師盛名口碑載道，四方學子群集。在西藏和全喜
馬拉雅地區的莘莘學子裡，許多人得到了圓滿證悟。

　　在中藏，尤其是佩瑪確令（喇嘛林）以及西藏東南地區的

貢波（Kongpo）與普窩（Puwo）振錫之地，法王延續了「敏珠林」的法脈。隨後於 1958 年，由於中共軍隊入藏，並且在敦珠林巴授記他的「新伏藏法」將於世界各地，尤其是西方發揚光大後，他帶著家屬離開西藏，去了印度。

抵達印度、尼泊爾和錫金之後，他建立了許多重要的佛教修行道場。這些包括在卡林篷（藏語 Kalimpong）的臧朵佩日（藏語 Zangdok Pelri），在歐日沙（Orissa）的敦寶冉登道場（藏語 Dudul Rapten Ling）和在喜瑪確省日瓦恰（英語 Rewalsa，Himachal Pradesh）措佩瑪，以及尼泊爾波羅奈（英語 Bodnath）的佛教寺院。他還在薩爾納（Sarnah）的西藏深造學院積極推動「寧瑪學派」修學。在那些地區，他繼續傳授灌頂，講授 **《寧瑪派教傳法總集》**、**《寧瑪派密續總集》**、以及 **《大寶伏藏》** 等許多法教。他在 **《著作大全》** 中富饒的學識曾經於印度刊物上被公認。

在利他事業方面，依照上師的預言，做了十次《大寶伏藏》的灌頂、口傳；傳授三次貝瑪林巴的伏藏正法；多次傳授前世依怙的伏藏正法；傳授大藏經《甘珠爾》、《前譯密續十萬頌》的口傳和《八大法行》的大灌頂、噶瑪林巴的《靜忿本尊》的附件及嘉聰伏藏師的六卷函正法、前譯佛語的全部灌頂、口傳等，轉動了深奧的無數法輪。

在語方面，學者們欣賞的聲律學、實踐關鍵訣竅正確、

淨、聚、明確內容，與仁津‧德達林巴的著作無二，包括深意伏藏和典籍等著作二十五卷函。他還新編了密宗《前譯佛語》的注釋，使《前譯佛語》增加到了五十八卷函，爲佛教做出自己的貢獻。

在事業轉輪方面，在隱避地貝瑪貴，他建立了僧伽和在家密宗師兩種僧團，新建寺廟，發展佛教。在預知西藏政變時，爲了長遠考慮，他把數百卷函語所依，帶到聖地印度，使密宗前譯佛語的書籍和灌頂傳承命脈被保存了下來，僅此恩德是無法估量的。

始自 1960 年代早期，法王已然感受到對「寧瑪」教義、見地及禪修的日益增長需求。因此於晚年，他造訪亞洲、歐洲、北美各地，接引了無數弟子進入佛門。他綿延了正統傳法與灌頂的佛行事業，並且躬親督導「金剛乘」佛法教學精髓的修持與閉關。修行道場和閉關中心紛紛於各地成立，如香港金剛乘內密學會、法國的多傑寧波及鄔金桑耶確林，美國各地的伊喜寧波中心和次子香潘達瓦仁波切在紐約州建立的鄔金確宗。他的長子，也是傳承心子，卡傑‧董舍‧聽列諾布仁波切，在紐約德海建立了普賢淨土叢林和加州棕樹泉的法中心，接引無數居住在世界各地的藏人、華人、歐美金剛乘行者，繼續不斷地紹隆寧瑪法統至今。

法王奇特的清淨心於早年自行顯現稟能，簡潔優雅地傳授

殊勝法教，讓他的心髓惠澤大眾。《藏傳佛教的寧瑪學派》裡的兩部論著是他許多百科全書類型著作中的首要，也是法王所有著作裡最廣爲人閱讀的兩部「論」。正如《寧瑪派歷史》結尾的詩偈所言，他寫這兩部論的用意，就是爲了要在這歷史和法教混淆動亂的時代，維護「寧瑪學派」義理見地的精妙及其結構，明顯地讓後代學子們，在所學哲理、歷史文教面臨失傳的險況下，依然能夠承接「寧瑪」自屬哲理和歷史文教所積累的財寶。他也深知以多種語文來精密介紹圓融佛教體驗、思惟、及其從古到今純正法脈歷史的重要性和迫切需求。

　　法王於 1987 年元旦 17 日，藏曆火虎年 11 月 18，西藏一輪甲子新啓不久，所作已辦，遂於法國多荷多腑瞰偉哲瑞山谷的居處入「般涅槃」，化現之色身融入法身清淨廣界。他的「圓寂」伴隨無量證德瑞象，留下了手肘長度的全身舍利。他在法國圓寂具有殊勝意義，因爲那代表了將東、西方匯聚成覺性的單一檀城。他的燻香遺體於 1989 年 2 月 5 日安奉於尼泊爾波羅奈的一座佛塔，無間地嘉惠眾生之菩薩勝行。

　　（以上主要內容節錄自葛光明先生翻譯提供的中文初稿《藏傳佛教的寧瑪學派》，美國智慧出版社英文版。截至本書出版時，中文版尚未問世出版，據聞正由第三世敦珠仁波切囑座下通曉中文的仁波切校勘中。）

1

表明從事此教法的原由

　　我們今天開始傳的教法，嚴格來說，是只能傳給已經閉關多年的修行者。因為在閉關裡，他們得到教導後，能夠直接實修所得的法。在西藏，此教法是在這種狀況下才傳授的。我不知道你們是否均已完成了金剛乘五十萬遍的前行法修習，完成了上師修持、本尊修持和空行母修持，然後依據大圓滿傳承來修習大圓滿層次的「止」與「觀」❶。之後，是在這種狀況下，此「立斷」（意為堅定地切斷）法才會被傳授。那就是此類傳承通常被傳授的方式，但是如果我們要等到那個恰當時機，我們的生命恐怕就已經結束了。因為在目前這個世界上，能有一位修行者正好在閉關，而且能夠持續下去，這種狀況再也很難遇到。所以我假定在座諸位均是在修行的人，並已經在修習前行法，而且是以極大信心和帶著對佛法的喜愛來聽此法。實際上，假如不是因為你過去世的因緣業力，你今天也不會在此；這是帶你來此之因。

　　由於這個因素，我將給予此教法，並要求你們所有人慎重地當一回事，此教法是非比尋常的甚深教法。並請常唸金剛薩埵百字明咒，並應盡量對此教法保持純淨信心和純淨見地。最重要是不能對你將聽到的甚深教法生起不正確之見地和曲解，這將會對你此生和來世非常有害。因為假若我們在過去已待在三惡道多生，我們確定是不想再因為不純淨的見地關係而再轉入三惡道。所以我們要了解這個階次的教法是高深的，有時並

不容易了解。即使我們不了解，我們仍應對它有淨見，不要生起錯誤的認知或曲解。

　　另外要提到，若能得到從頭到尾整個傳授的全部教法是很有益的。因為這樣就表示你有整個適當教法的傳授，在未來許多年你可以得益，你可以從容修習並依你的時間表完成此修行。但假若你只得了一半或一部分，那就很難圓滿修行。你要了解得到全部傳授很重要，因此你知道自己在修什麼，很清楚地理解它。我建議你們盡量做到並慎重其事，得到全部教法，不要只得到一部分。

　　這套法是由著名的敦珠林巴所寫，他是已圓寂的敦珠法王之前世。他是極有名聲的瑜伽士，也是西藏偉大的大圓滿成就者之一。我們先看標題。在標題之後，作者一般先以皈依頂禮給他想要禮敬的對象。在此之後，作者敘述他的誓言，他或她在撰寫法本註解的承諾。然後接下來是註解，教授於是開始。

　　在西藏，標題或名字透露出很多意義；標題雖是名稱，但它已指出所有的教法內容。所以假如我們看這個標題，它是從自然大圓滿而來。它稱作《不依執修之佛果——自性大圓滿現證本來面目教導》。當我們看標題，它指出什麼是主題。它是有關大圓滿教法，是不需要特定與具體禪定的教法。它是直指本性，即心性的要訣。這一切從標題上就可探知。在大圓滿無上瑜伽教法中，有三支傳承：「心部」（Sem-dhe）、「界部」（Long-dhe）與

「口訣部」（Man-ngag-dhe）❷。這個教法屬於第三種的「祕密口訣部」，那表示是佛法裡最高、最好的。

然後，敦珠林巴在著作第一句即作皈依。

南摩，禮敬上師！

此書《不依執修之佛果》是爲體證原本清淨而修大圓滿「立斷」的開示，此次第講解分成三個主題：表明從事此教法的原由；解釋主文的法義；談論後義。

第一：表明從事此教法的原由，有三部分：I. 名字解說；II. 敬奉；III. 造論講解。

I. 名字解說。

《不依執修之佛果—— 自性大圓滿現證本來面目教導》

II. 敬奉。

我以堅定不移的信心，禮敬皈依遍佈原始怙主，原本智幻化展現的殊勝越量城宮。

城堡即是廣大顯現壇城宮殿和一切上師等；壇城所有的細節都是從本尊生起，在此處他向一切顯

象之源皈依，這即是本初佛，或原始保護者，祂是所有一切壇城的主人或主要根源。如此向這些奇妙化現頂禮。爲何在一開始就行皈依？主要是爲了在完成這部著作期間不會有障礙生起、爲了要使作者心意受加持，並且使整個工作能圓滿完成。

我們所皈依的對象本身是不需要被崇敬的，這完全是爲了我們自己的好處。但是敦珠林巴並不是仍需要得到加持的一般人，他是已能完全掌控自身輪迴涅槃，一個全然證悟的行者。但爲了顯示謙卑和尊敬，皈依通常在著作一開始時出現。

至於他的承諾，他開始解釋在此末法時代眾生的情況，即我們現在生存的末法時代。

III. 造論講解。

在五濁惡世的現世，受到強力惡業的影響，眾生無例外地粗頑難馴。人們執著於如夢般短暫的生命，認爲生命會永恆存在地去作長遠計劃；而不去爲未來世的利益著想。

雖然是說「他們」，實際上說的是「我們」；不是「別人」。我們就是這樣，因爲我們很容易將手指著座位旁的人或前面的人，認爲那是爲他們而說的，但實際上是爲我們自己說的。當談到佛法，我們須要想到是爲自己，我們應暴露出自己

的缺失錯誤。學佛會有很好的德能，但假如一個人無法面對或暴露自己的缺失，這一定是個障礙。所以不論作者說什麼，他是針對你說的。

由於此，有心尋求解脫和全知的行者，他們的數目就像白晝天上看得見的星辰一樣稀少。

佛教末法衰微時代不是一下子就到來。我們就是導致衰微的人，我們創造了整個衰微的時代。因為在無數次生死中我們都還在輪迴中打轉，這對我們而言並不是新東西，從久遠開始一直到現在都在進行著。所以這就是為什麼已經是衰微了。

即使人們了知人命短暫而勤修佛法，他們只是以身和口積善業，只企求未來能投生到天道、人道。

現在如有人確實想到死亡，想到他們自己的死亡，很希望修習佛法而且接到法緣，能夠去修，他們會花大部分時間經過身、口和散漫的心去累積功德。某些人唸很多咒語，或作很多大禮拜，身體幫助佛法活動，但卻不去真正的控制心念。心念被貪、瞋、癡妄念充滿，不消多久，生命就完結了。即使他們有許多好的機緣，經過身和口積了許多功德，但如果不在心中

積功德，則他們仍然是在輪迴中流轉。由於源自身和口積聚的
功德善業有很大的加持力，它很可能會使你重得珍貴人身，或
生為天人和長壽天神。但這並非表示從輪迴解脫。這仍舊是輪
迴。再者，當善業果報耗盡，不善業仍然存在而得到報應。這
很可能表示同一個生命在享受高的投生後會再回頭經歷下道的
投生，這是由於他們仍未從輪迴的三善道中解脫。這就指出了
我們的「心意」的重要性，不是嗎？

　　一些人對「空性」的見地一點了解也沒有，就遽下結論說
他們的心意是空的。他們被介紹的只不過是一個有構思或無作
用的意識，並在此境中什麼事也不做地住留。如此驅使他們投
生到欲界和色界的天道，但是離遍知之道是連一毫髮之寬度也
未接近。

　　另一方面，也有一些人覺得經身和口積聚善業並不重要，
他們傾向去了悟「空」見，然而卻對空性一點都不了解，他們
想他們的心性是空的。假若他們的心性被他們的老師解釋為空
的，如老師也不知道空性，雖然他們想這個空性是很難理解的
某種東西，他們無法去確認，他們只確認了「空」，不是「空
性」，因此他們持續在觀念繁衍的狀態中無法動移，就夾在這
個空間裡，這將產生再度投生到欲界或色界之因，連接近脫離

輪迴的邊都差得遠。事實上，過去在西藏有很多老上師有過類似這種問題。他們宣稱自己為大圓滿行者，但他們只有讀過經典與書籍，但並沒有從具德的上師處得到適當的法教。因此，他們誤認為大圓滿是一件可以被攀緣的東西。因為沒有確切的了悟，他們掉到「虛無」的極端偏見裡，這是一個了無生機與空洞的境界，就好像一隻不動的兔子望著虛空一般。

　　或者問題會來自一位行者身上，他有足夠的功德從一位有不可思議證悟的上師處受到大圓滿的指示教導，但傲慢心阻擋他去接受這些法教，因為他自認為已經了解如何去修，而且他們自己的方法是超過上師所傳授的。當他們陷在這種虛無的狀態中，他們不會得到解脫。這種傲慢是浪費時間的。或者，我們可能因為驕傲而不去向上師求問，因此，我們的生命就在這種錯誤的禪修方式中流失。

　　美國人很喜歡問問題，但他們無法保留答案。問題問得多並不是缺點，但如果能記住答案的話，很多問題就自然消失了。

　　任何一位禪修者將會體驗三種狀態：樂、明晰與無念。他們只要持續禪修下去，一定會有所體驗，不可能不會生起；重點是這些只是體驗。它們仍是道途，不是果位。當禪修者認為這些體驗是果位而執著於它們，那就偏差了。當心執著於禪修體驗，你已離開正道，你已偏離，你已開始製造輪迴之因而不

是解脫。

　　談到樂感，如果心執著於在禪定過程的愉樂經驗，你立刻種下投生到欲界的種子。談到明晰或光明，當光明在禪定中生起，如果心生執著，則你開始種下投生到色界之因。談到無念，如你的心執著於它，則你將種下投生無色界之因。這三個即是三界輪迴：欲界、色界、無色界。

　　所以要點是當我們在道上，心意不可執著於經驗。不能有貪執與攀緣，但是這些你們早已知道。你們是許多偉大上師，如敦珠仁波切、欽哲仁波切、多竹仁波切等等的學生，我覺得你們應該比我更清楚了解。但是我們仍應時常提醒自己不要執著。因為當我們在最初迷惑混淆無明生起的一剎那，當我們自己的原本純淨自發現前時，假如我們並沒有認出它就是我們自己，我們會將它體驗為一個對象。因此，我們會對它生起貪愛與厭倦之心。這就是我們迷惑的開始。我們愈是繼續那種迷惑，它就會愈陷愈深。我們無法避開它或逃離它，我們會愈纏愈緊。

　　假使有稀少的幾個靈修者已經累積了無數劫以來的大功德，加上有殊勝的發心，為了替他們結一些勝義法教的緣，我是根據他們的根器與福報來教導他們。那些和我之間缺乏緣分以及缺少功德去修習大圓滿教法，以及誇大炫耀或毀損這些法

教的人，他們的心就如同被放逐到荒野孤獨之地。你們這些不
是以上提到的行者，福報是和我等同，要信賴與細想這些口訣
指導。經由觀察和分析，熟悉和諳練，願你們確認輪迴和涅槃
爲至上空性並實證自性。

　　自性大圓滿法分爲三部：心性部、法界部與口訣部。此書
是屬於祕密口訣部，有三部分：見地、禪修和行爲舉止。

　　有一些弟子過去多生已積聚了無量功德資糧，這些資糧非
常廣大，這些人做了許多吉祥和極好的祈禱。而後這兩樣功德
和祈禱的因緣聚集在一起，這些弟子便能夠確認大圓滿、解釋
眞實了義的教導。對於適當法器和幸運的弟子，敦珠林巴祈願
我們不但能全盤領受這個能在這一世引導我們了悟眞實本性之
教導、檢視分析禪修它、對它們熟悉，並且以了悟涅槃輪迴的
偉大空性而得證悟。

　　在另一方面，敦珠林巴是在說，沒有信心或者是具有妄念
的弟子，不應該傳授此法給他們。但從另一個角度來說，即使
他們在場聽法，因爲他們妄念的關係，他們也無法眞正吸取到
法的內容；他們的妄念會使得他們與這法隔離。

　　舉例說，我們強調的重點就好比說肝炎，如果我受邀到宴
席中，桌上有許多甜美食物，非常油膩，有很多奶油，每個
人都說非常好吃，而我被邀請來，如吃了很多好吃又油又甜

的菜，我就會嘔吐了。我完全無法享用它，因為我不再有這個
業緣能享受這些甜品和美食。換句話說，吃下去會使自己不
舒服。同樣的，一個人對大圓滿沒信心，對大圓滿法上師沒信
心，首先他們會被大圓滿的護法阻止他們了解此法。但大部分
是他們自己已將大門關住。由於他們缺乏條件，所以無法確認
或達到一些成就。因此不是因為上師吝傳大圓滿法，而是因為
弟子不是適當法器而無法承受。就這麼單純，他們沒有業緣能
領受。

譯註

❶「止」，梵文叫「奢摩它」（Shamatha）（藏文 Shinay），意為掃除妄念，專心一境。第二為「觀」，梵文「毘缽奢那」（Vipashyana）（藏文 Ihagthong），意為在「止」的基礎上發生智慧，辨清事理。佛教主張通過「止觀」即可「悟」到「性空」而成佛。其中可分高低兩種形式：未真正修得寂止之前的勝觀屬於一分相同（類似）勝觀，修得輕安樂止以後，逐漸可見空性，此為法相俱全（實際）勝觀。

止觀的訓練方法可以參考 1.《密宗大解脫法：六中有完成次第教法第一章 —— 基礎之自然解脫》，卡瑪寧巴原著。2.《解脫大道 —— 大手印與大圓滿雙融實修教導》第三至四章，噶瑪恰美原著，嘉初仁波切講解，丁乃筠、楊弦中譯。

（以下「止觀」簡介節錄自創古仁波切 2008 年 5 月 2 日香港講解《直指法身禪修》）

◎修止禪的目的：

　禪修最終的目的是為了證得空性或觀禪的部分。但因為無始以來我們的妄念很多，使心無法安定，因此，為了讓心定下來，以便之後能夠起「觀」，要先修持「止」。

◎止禪修持的要點：

　身要和心要。

◎比較止禪和觀禪的不同：

　一、止即是心穩定的狀態：

　　　透過種種方法讓心穩定得到三摩地、讓心平靜下來的方式。

　　　※ 修定的時候要注意正念和覺知。

　二、心又分心王與心所：

　　　以正念（心所）觀照這念心（心王），同時保持覺知，看心有否散亂、是否保持平定。修止禪時，並非一下就靜下來，馬上就能入定，而是要經過一段時間的練習才能真正入定。

　三、修止禪的體驗：

　　　第一階段如同湍急的瀑布：妄念非常多，猶如湍急的瀑布。水好比我們的妄念，我們平時並沒有覺察自己的念頭這麼多，但是心一靜下來時就看到了。

　　　第二階段如緩慢的恆河水：還是有念頭生起，但是比瀑布和緩多了。

　　　第三階段如平靜不動的大海：這時心已得到止定。

　　　※ 練習止禪時，慢慢會有這些經驗產生，止禪穩定後就能修觀禪。

四、止禪和觀禪的不同：

　　止禪是心的平靜，當中沒有智慧的明分，但起觀時則有智慧的部分，也就是實際對法性、心性或實相有直接清晰的明白，此即稱為勝觀。

五、如何修持觀禪：

- 比量：理論和邏輯推理的方式。

- 現量：直接體驗。

　　比量：也就是思惟、推理的方式，透過研讀、思惟空性的道理與邏輯去了解空性，這是透過作意來進行理解。

　　現量：直接體會心性，也就是大手印禪修直接觀看心性的方式。佛陀開示的殊勝法教，在印度開始興盛，之後又傳到藏地，但是佛陀在菩提樹下到底證到了什麼？他所證得的是殊勝的勝觀，若直接告訴他人，一開始大眾是聽不懂的。因此證得勝觀後一個星期，佛陀都沒有說法，之後大梵天和帝釋天手持千幅法輪和右旋法螺，向佛陀請法，佛陀於是開始教化眾生、根據眾生根器而宣說法教，否則眾生會無法理解。

❷口耳傳承的無上阿底瑜伽，是於精髓、語義、分類、三大科目下被確知。精髓，就是本始佛性的真理被當下解脫的方便智，而且被賦諸離一切欣厭取捨之特性。

　　梵語阿底瑜伽（Atiyoga）的語義，在藏語裡稱為「最究竟瑜伽」（藏語 shin-tu rnal-'byor），因為它是生、圓二次第圓滿的極致，而且是一切諸乘的極峰。

　　「阿底瑜伽」按六大主題分類。首先，「入」有二重：一為，經由覺性等之表現力所造成而令之成熟的灌頂（註：此一灌頂是進入大圓滿的最初入門）；二為，無有所入造成的實際入門。

　　關於「見」，認為一切萬有諸象所含攝的輪涅萬法都是無上「明點精髓」本然現前的殊勝無上「淨智法身」。「戒」，包括「空、明」的誓句，不待超越。關於「修」，《無上大莊嚴續》言：

> 對那些執取心者，有心部；
> 對那些執取界者，有界部；
> 對那些不執次第者，有口訣部。

　　於是逐有「空性」與「覺性」禪修，有關法身之境的「心部」（藏語 sem-
dhe）；有跟無為無作法性之境禪修相關的「界部」（藏語 long-dhe）；有跟離一
切取捨而本始解脫法性禪修有關的「口訣部」（藏語 man-ngag-dhe）。〔以上註
解節錄自敦珠法王所著《西藏佛教的寧瑪學派》（*The Nyingma School of Tibetan
Buddhism-Wisdom Publication*），葛光明中文翻譯。〕

2

解釋主文的法義

第二：解釋主文的法義，有四點：I. 以見地達到確認；II. 實修；III. 以行為舉止來增進；IV. 實證果位的方式。

I. 以見地達到確認，有四部分：A. 對所有現象（法）都認知是無法表達的空性而達到確信；B. 把基礎法境化入自生的唯一原本智慧中；C. 把輪迴涅槃都化入無間斷、離於極端偏見的普遍真理中；D. 超脫至原本不費力、自然明光的殊勝自發現前德能（任運成就）。

A. 對所有現象（法）都認知是無法表達的空性而達到確信，有兩點：1. 對「人無我」達到確信；2. 對「法無我」達到確信。

再下來談實證傳承，這是根據口訣心要部來傳授自然大圓滿，將要傳的教導是有關見地、禪修和行為三種。我們先從見地開始。

首先，為了確認見地，要義是藉著以下四點來達到：無有（med pa）、唯一的（gcig pu）、遍佈（khyal wa）和自然現前（任運）（lhun drub）；並依照此得到覺悟是最重要的要點。

「無我」的確認有兩點：確認「人無我」；確認「法無我」。

1. 對「人無我」達到確認，有三點：a) 最初生起（假我）的源頭；b) 在間隔時的所作處和最後到達的終點；c) 對這三樣都達到確認。

a) 觀察最初生起（假我）的源頭。

　　首先，所謂「人我」是指，在白天、睡眠、死生之間的中有境、或下一世的生命中都有一個「我」的覺知。緊接著這個，會有一個潛在覺識認定「我」，這就稱作「隨後認知」（後續識）或「妄念」（分別心）。當這個覺識變得更清晰時，「我」就變得穩固堅實。在尋找「我」最初生起時的源頭，你會下結論說起源的所在處是沒有自性。

　　先談「人無我」，先看這個「自我」。這是指我們每一個人。我們每一個人都是個體，什麼是「個體」？是在經歷持續不斷的白天顯相、夢裡顯相、中有境內顯相和未來世中顯相的經驗者。這個不同顯相的經驗者就是我們稱作「自我」的個體。所以這個經驗者，在第一剎那體驗到經驗，在第二剎那認爲「我是經驗者」。當我們確認自己是一個分別個體的剎那，這個「我」即開始存在，之後會有一股自我實存的覺知暗流，也可稱作是「觀念造作」，或「念想形成」，是依據「我」爲

一個獨立實存個體的概念而延展下去。雖然我們實際上是抓著一個原來不存在的事物，但因為我們把它保持為實存的一樣，我們就相信這個「自我」為永恆的、很難摧毀與堅固不動。這樣的認知已經歷了無數次生死到現在；是很深厚的習性。

　　所以我們要嘗試去檢視什麼是「我」和「自己」的起源，它從何處來？很明顯，這個「我」的概念塑成我們多生多世生命的核心。假如它就像我們相信般的真實存在，我們就應該能找得到它源自何處。僅是概念上認為我不存在是不夠的，當然，你可以如此相信，這是合理的。但如果你沒有依賴心智上的查看與分析來理解「我」到底是如何地「無我」，那麼「無我」這個想法就不大穩固。不消幾天，一旦有些事情發生，一些外在的情況干擾你時，「自我」將會像以往一樣堅固地顯示。雖然你能夠短時間把握這個「無自我」的覺識，但「自我」會在很短時間內回來和你在一起。

　　所以這就是為什麼你一定要好好試著去檢視發現如何沒有「自我」。如你有如此信念的話，你一定要對自己的確認有所了解。既然這個「自我」似乎就是導致我們流轉三界的最重要成因，我們就應該多去理解它。如果我們希望去修習成就大手印或大圓滿之佛道，那麼我們別無選擇，必須經由聽聞、思考和禪修來審查與分析「人無我」。如果我們希望去了悟我們的佛性，那麼我們必須先了悟「人無我」，這不是簡單按個鈕就

可解決的事。為了成就這一點，首先我們須要認知「自我」源自何處，再試著認知它生起後住於何處。這個「我」是處在何處？這個在哪裡可找到？審查每一點，看看能夠有什麼結論。

b) 觀察在中間時的所作處。

　　在中間時尋找「我」的所在處。所謂的「我」到底有沒有所在處、有沒有一個擁有明確特徵的「主人」是能被指認的？

　　頭的名稱是「頭」，它不是我。同樣的，頭上的皮膚稱作「皮膚」，它不是我。骨頭只是稱作「骨頭」，不是我。同樣的，眼睛是「眼睛」，不是我。耳朵是「耳朵」，不是我。鼻子是「鼻子」，不是我。舌頭只是「舌頭」，不是我。牙齒只是「牙齒」，不是我。腦袋也不是我。至於肌肉、血、淋巴液、筋肉和脈絡，它們都各自有自己的名稱，都不是我。藉此，你可以得到了解。

　　再者，手只是「手」，不是我。「肩胛骨」也不是我，「肩膀」也不是、「前臂」也不是、「手指」也不是。而且，脊椎是「脊椎」，不是我。「肋骨」不是我，「胸脯」不是我，「脅」不是我，「心臟」不是我，「橫隔膜」不是我，「肝」與「脾臟」不是我，「小腸」與「腎臟」不是我，「尿」與「大便」不是我。

　　而且，「我」的稱呼並不是指腿。大腿的稱呼是「大腿」，不是叫作「我」。同樣的，「臀部」不是我。「手足長骨」不是我，「腳背」不是我，「手指」、「足趾」不是我。

　　總之，外層的皮膚並未命名爲「我」；中層的肌肉與脂肪稱作「肌肉」與「脂肪」，並不是叫作「我」。內裡的骨頭只是稱爲「骨頭」而不是「我」；最裡層的骨髓只是稱爲「骨髓」而不是「我」；甚至意識的名稱也只是「意識」而不是「我」。藉此你可以達到確信，在這中間，「所在處」與「該處所在者」的沒有自性即是「空性」。

　　是什麼叫作「頭」？雖然我們稱之爲「頭」，當我們看它有毛髮，有肌膚血管，裡面有腦，外面有頭骨，慢慢地我們無法找到「頭」在那裡。因爲它像是許多不同部分組合起來的。每一部分有個名字，沒有一個名字叫作「我」或「自己」。它們已有個別的名字。假如你拿身體其他部分來看，如眼睛。假如你認爲「自我」存在於眼睛這個器官裡，你應該用以上的分析步驟來檢視這個器官。你將發現有許多複雜組合構成眼睛，每一組合都各自有自己的名稱，它們都不叫作「自我」，而且眼睛也不叫作「自我」。或者你可以針對耳朵、鼻子、舌頭以及身體內每一器官和骨骼肌肉來分析認定，過一陣子你會發現這個「自我」並不存在於任何這些部位。

在西藏，實際上要花上許多天去思考試著找尋這個「自我」在身體何處，在身體哪個器官裡。這不是一項可以快速忽略而過的過程。你要先領受教導，然後回去思考幾天，再回來報告答案。

當你發現它不在你體內，那麼你可能認為它在你的心識內，在你的心流中。但那個叫作心識或心流的，並不叫作「自我」。在你檢視過後，好比說經過幾個月後，想在你的身體內、身體外、心識內找它卻找不到。它無法被找到，你將達到這個觀點，即是沒有「自我」。簡單說，這就是我們檢視去認證「人無我」，自己達到「人無我」的證悟。

c) 觀察最後到達的終點。

同樣的，你必須對最後「所在處」與任何「該處所在者」為完全沒有自性達到確認。實際上，這就像因為視覺模糊不清，而看到本來沒有的事物一樣。談到這些名稱，這就像在描述兔子的角一樣。

當我們找不到這個「自我」，也找不到「自我」的所在處，慢慢地，你能夠確定它也不在客體顯相中存在。如此，雖然終究它好像不存在，但是在一般境界中，卻又好像是存在。

這好比朦朧的視野，一件相當不確切的事物，我們不能確定它。這就像是想像兔子有角、或看到不孕的婦女有兒子一樣。

2. 對「法無我」達到確信，有四點：a) 尋找名相所代表的事物；b) 破除對事物為真實常存的執認；c) 對損益的缺失提出質疑；d) 瓦解希望與憂慮的虛偽岩洞。

a) 尋找名相所代表的事物，有兩點：(1) 針對一切現象（法），尋找它們名相所指認的物象，對它們為性空達到確認；(2) 並顯示它們是如何從空性中生起為緣起的展現。

(1) 針對一切現象（法），尋找它們名相所指認的物象，對它們為性空達到確認。

　　第二，為了達到對「法無我」的確認，尋找名相所代表的事物、破除執認事物為真實永恆、對損益的過失提出質疑，瓦解希望與憂慮的虛偽岩洞。

　　現在第二項就是須去證悟顯相、環境或事物中的無我，這有四個方法。第一是搜尋那個名稱所指的事物，那個念頭所指的物體。第二是摧毀看事物是永恆的執見。第三是直接暴露優

點和過錯。第四是瓦解期望和恐懼的人造洞穴。這意謂著我們根據客體顯相所產生強烈的希望和失望，經過這個過程去了解那些顯相與現象是一點真實自性也沒有，那麼這個人造的希望和恐懼就會瓦解。任何時候我們對於一個物象有希求，這就是假相；任何時候對於一物象生起恐懼，那也是假相。

　　首先，假如你尋找所有名字所指稱的物體，你會發現這些是沒有自性的假相，只不過是思維的自然展現而已。這是因為現象只不過是名稱而已，所以是不可能獨立地存在。也就是說，為什麼要稱呼頭為「頭」？是不是因為它是身體形成時，首先成長的關係呢？還是因為它是圓形？或是因為它在身體的上面？事實上，當身體開始形成時，頭不是最先顯現的。不是所有圓的物件都叫作「頭」。而且當你審查「上下」時，你會發現虛空並沒有「上」或「下」。同樣地，頭髮不是頭。皮膚只是「皮膚」，並不叫作「頭」。骨頭只是稱為「骨頭」，並不叫作「頭」。腦袋不是頭；眼睛與耳朵不是頭；鼻子與舌頭不是頭。

　　也許你認為假如把這些個別的部分分開，它們都不是「頭」，但是這些部分組合起來就稱為「頭」。但如果你把某個生物的頭切下來，將之研磨成粉與不可分割的微塵，再將它給世界上任何一個人看，沒有人會將它稱作「頭」。即使你把

這些磨粉與水混合在一起，它還是不會被稱為「頭」。因此，你應該了解到，所謂的「頭」只不過是一個名相而已，而名相並沒有所在之處。

　　針對了解「法無我」四個梯次的第一步，是尋找概念所指認之根，我們能了解到所有名字只是概念上的標明，就像我們剛剛分析的杯子，或者拿我們的頭來看。「頭」這個名字從何處來？是否因為當身體出現後它首先存在，所以給它「頭」這個名稱？我們在母胎中孕育，是否頭先存在才稱之為「頭」？或者因為它是圓的，或者在上方？是否因為這樣才稱作「頭」？為什麼叫「頭」？

　　如果我們堅持說任何物質或物象都有其自性，那就無法站得住腳。拿任何一件事來作譬喻。以桌上的杯子來說，我們稱它為杯子，於是我們把它當作一個真實存在的杯子。但是當我們看著它，它有個蓋子、手柄、一些工藝、一些燒瓷，是由許多部分組合而成。所以事實上杯子只是一個概念上的指認，針對所有組合體所給的一個名字。

　　眼睛也是一樣，「眼睛」不是指任何一雙液體球狀物。薄膜不是眼；液體、神經、血管與血液等都不是眼睛。假如把組合分開來，它們沒有一個是眼睛。這些組合研磨得來的粉末，

或者是把這些粉末與水混合在一起重新組合起來的這堆稀泥，都不是眼睛。能看得到色相的是「意識」，不是眼球；這個事實在夢境中或中有境中可以清楚顯現出來。

同樣的，聽覺的管道不是耳朵。皮膚不是耳朵；軟骨、神經、血管、血液與淋巴液都有自己的名字，它們都不是耳朵。把這些組合研磨成粉，也不是耳朵。把這些磨粉與水混合後，再重組成一堆稀泥，也不會是耳朵。假如你認為「耳朵」這個字眼是指「聽者」，就觀察夢中、清醒時與中有境內是誰在聽聞音聲；這個「聽者」就是「一般心」，這個永遠都存在的意識，並不是耳朵。

這個可以藉著檢視夢境和中有境界去證實。因為當我們作夢時，我們的眼睛是閉著的。我們的身體躺在床上，眼睛閉上，我們的感官好像被封閉，但是在夢中，我們所有的感官感受都很真實。在夢中我們能感受到和醒時一樣的經歷，那個經驗者就是覺識。同樣地，當我們在中有境界，我們離開了這個世界，雖然我們的身體已經火化或埋葬了，眼不能看，耳不能聽，但是覺識仍能看到、仍能聽到。它有一切的感官經驗，覺識不會關閉。重點是覺識是原本存在、一直就在，而且將會存留下去的。所以，覺識將會持續經歷感受、景觀、觸覺等等。這些永遠不會關閉。

　　所以你應當檢視這點。如你藉著仔細思考而達到了解，這將會對你有幫助。不要聽到什麼就去接受。你認為這是真的嗎？檢視它。但如果我帶你們分析身體每一部分，我們到明年還會留在這裡。基本上我已給你們大綱，然後你可以繼續延伸下去。

　　鼻子也是一樣，鼻孔、皮膚、骨頭、軟骨、神經與血管，都有自己的名字，但不是稱作「鼻子」。能聞嗅氣味的主人是意識，所以，你應該檢視在夢裡與中有境內能聞香臭的主人。

　　同樣的，假如你分析舌頭的個別組合，組織、皮膚、血液、神經與血管，它們都有自己的名字，都不是稱作「舌頭」。把這些組合磨成粉後，這些粉末並不會被稱作「舌頭」。即使把這些粉末與水混合後，再重組成一堆稀泥，這也不會被稱為「舌頭」。這樣的推論可用來分析以下的例子。

　　至於手臂，肩胛骨不是手臂，肩膀不是手臂，前臂也不是，手指與指根關節都不是，肌肉、皮膚、骨頭或骨髓全都不是。至於肩胛骨，皮膚不是肩胛骨，肌肉和骨頭也不是。把這些組合磨成粉末後，它們也不是「肩胛骨」。把粉末與水混合後，再重組成一堆稀泥，也不是「肩胛骨」。「肩胛骨」這個名稱所代表的事物是空的，因為它並沒有具體的所在處。同樣的，當你檢視肩膀與前臂時，它們都有各自的名字與稱呼，

肌肉為「肌肉」、骨頭為「骨頭」、皮膚為「皮膚」、骨髓為「骨髓」。但是這些名稱所代表的事物是連一微塵的真實性都沒有。

藉著檢視「身體」和「蘊集」這些名相所代表的基本事物，你會發現脊椎與肋骨不是稱作「身體」。胸脯、肌肉、皮膚與骨頭都不是叫作「身體」。心臟、脅、肝、橫隔膜、脾、腎、小腸等都各自有自己的名字。因此，「身體」與「蘊集」這些名字是空的，因為它們並沒有具體所代表的實物；這就是空性。

以同樣的方式檢視腿時，你會發現髖骨不是腿，大腿不是，手足長骨不是，腳背不是。肌肉並不稱作「臀部」，皮膚、骨頭、筋肉和脈絡都不是稱作「臀部」。而且，大腿不被稱為「皮膚」、「肌肉」、「骨頭」、「筋肉」和「脈絡」。手足長骨也是這樣的。把這些組織研磨成微塵粉末後，這些名詞並不能用來稱呼這堆稀泥；它們也不能用來稱呼這些粉末與水混合後再重組成的一堆稀泥。

如果你到外在世界中尋找「山」的名稱所代表的事物，你會發現泥土不是山，草和樹木不是山，石頭、岩石和河流都不是山。如果你去搜尋「房舍」這個名字所代表的事物，你會發現，泥土並不是房子，石頭不是，木材也不是。而且牆壁只是稱為「牆壁」，並不稱為「房子」。如此，從外在與內裡而

說，沒有一個所謂的「房子」可被指證。

你可以去搜尋「人」、「馬」、「狗」等等名稱所代表的事物。雖然眼睛、耳朵、鼻子、舌頭、肌肉、血液、骨頭、骨髓、筋肉和脈絡與感官的六識等都有自己的名稱，但是「人」、「馬」、「狗」等名稱並沒有具體所代表的實物。這所有的例子都是以此方法來示範。

例如，在物質事物中，「鼓」的名稱不是用來稱呼木材、皮革、外面與裡面。而且「刀子」不是用來稱呼鋼鐵；「刀子」的刀鋒、刀背、刀尖或刀柄，都無法被設立為一把真實存在的刀子。

除此以外，名稱與功能會改變，就像一柄刀被塑造成鑽子，它的名稱會改變；或者當鑽子被塑造成一支針，前面的名稱全都不存在了。

我們已經檢視自己去找尋「我」的源頭在哪裡，並且去找「我」住在身體的哪一部分。雖然透過這個檢視的過程，也許我們仍無法發現這個「我」在哪裡，似乎是很難找到它。我們開始檢驗外在事物。既然我們不能發現「我」這個主體，那麼客體的個別存在標名又是怎麼回事？比如說「山」，地是「山」嗎？樹和草是「山」嗎？那個標明是「山」的，又是什麼？對於它，我們能找到什麼？它真正在哪裡？在哪裡可找

到？不要只是接收聽到的話，跟著教法自己去審視並得到信心。

　　從經典和密乘來看，根據經典，我們有兩個學派，即小乘（基礎乘）和大乘。在小乘中又可分為聲聞乘和緣覺乘。小乘的這二派中對我們談的「人無我」主題，有不完全相同的看法。有關「人無我」，聲聞乘經過他們的訓練能夠確定，但是他們無法確認「法無我」。所以針對這兩種無我，他們只能真正了解一種。而緣覺乘，藉著修習，他們也能了悟「人無我」，特別是能了解「法無我」，但是卻不徹底。原因是因為還有一些執著，像我們昨天提到的，仍舊執著於自我。由於此，他們無法達到完全的證悟。

　　在大乘學派中，兩種無我可經由訓練完全證悟。行者能了悟所有顯相是迷妄顯相。逐漸地經過訓練，一個人可以達到完全證悟的佛果。

　　所以不是只有經過大圓滿教法，我們才能完全證悟。單只是從大乘經典的教法，我們就可完全證悟而脫離輪迴。也許須要多一些時間，多經過一些階段，這是唯一的分別，但是結果是一樣的。佛陀教導了所有乘的教法，佛陀當然傳了小乘教法、大乘和密乘，外密和內密，以及大圓滿（譯者註：在公開和祕密場合、人間和天界等處傳授）。所以要看個人的緣分，需要多長時間修習。但是我們絕不能對任何法教有分別心，認

為這個好過那個，因為它們都是佛陀的教法。

　　同時，在修行道上有許多不同等級的修持法門是有原因的。這是我們為什麼要開始從基本學起。我們要有基礎，然後我們逐漸向上發展。所以實際上，我們要有小乘聲聞、緣覺的基礎。吸收其教法的精要——相信因果（報應）律的真實性，然後慢慢地從其基礎上構築，應用任何可能學到的法門來繼續深入。假如我們要想一步登天去拿最高的法門，卻沒有良好基礎，這就像在冰上建築一座美麗的宮殿，當冰融化時，整個宮殿就倒塌了。

　　整個「止」的基本訓練在藏文稱作「息內」，這個「止」的基礎訓練非常重要。因為沒有平息自心的能力，不能把心靜止到某種程度的專注，就很難培養「智慧」（般若智）。同時也不可能降伏無明，因為心念完全失去控制，會屈服於各種衝突與強烈的情緒中。藉著「止」，我們能夠使心念靜止，使它處於平靜狀態。藉著「止」，遍智的德能會生起。

　　「止」的其中一個重要益處，是導致我們離棄對世間的執著。因為身為普通人，很難讓我們將心念轉離世間強力的執著與吸引力。但如果我們能夠成功地降伏此心，並且有意地導引它，就表示我們能專心禪修，並進入更深禪定中。

　　假如一個修行者有一些「止」的程度，那麼他們內心的黑暗與無明自然開始消滅，自發的慈悲心會生起。他們不須要刻

意地去做，慈悲心就會從內裡湧出。當然，同時生起的是對空性的了悟，也就是智慧（般若智）的生起。

《入菩薩行》的作者寂天菩薩，可能是印度最偉大的覺證大師，說了以下名句：「一個無法控制心念的人，就如同一個常在無明的魔獠牙下等著受害的人。」

他也說：「只有藉著『止』之基礎，『觀』才會生起。它不會從其他處生起。」有了「觀」，所有的品質都會在其內得到。

我提到這幾點是希望你們能了解「止」，也就是心念控制的重要性。在大乘佛法中，主要的見地「中觀」，實際上是了悟兩種「無我」：「人無我」和「法無我」。去了悟這兩種境界，就是完成「般若智」。

至於六度波羅密多，第六項是智慧（般若智），其他五項是這個智慧的旁枝。爲了達到完美正覺，此「般若智」是我們必須在修行道上實證的，這是絕對需要的。其他的訓練是旁枝引入主幹來了悟「般若智」，而「般若智」就是了悟這兩種「無我」。

以上的教導，我不知道你們是否了解；但你要知道這不是單靠聽講或看書就能了解的。你已經聽到了，就須要去學習研讀它、回想它、思考它和禪修它；你也必須檢視它。因爲空性的了悟除了透過這個過程，沒有其他辦法。如果你沒有空性的

了悟，就永遠無法遇到自性。所以我們所經過的不是一個頭腦的遊戲，因爲我們是在經歷一些學院的訓練。我們不是在玩心智的遊戲，這些不是某種學術訓練。它們實際上是導致證悟的要階，不能被忽略。雖然看起來有些複雜，我們不應想我們不須要試著去了解它；爲了證悟，我們就必須要了解它。

　　沒有鏡子，我們無法看到我們臉的模樣，以至於無法知道怎麼去清潔與照顧它，因爲我們看不見臉的缺失。我們是依賴鏡子來整理與清潔自己的容貌。就像這樣，我們依賴這個教導來讓我們遇見自己內在眞實本性。「人無我」和「法無我」的禪修是非常重要的方法，來清除我們從前到現在內心的黑暗及迷惑。一旦這些被清除了，我們將會遇見與證悟自己的本性，我們便不再迷惑，所以這是件極其重要的事。

　　我們藉著鏡子來看我們的臉，然後我們根據所看到的來反應。大部分時候我們認爲自己非常美麗或很英俊，然後我們就很驕傲。我們每一天照鏡子，卻沒有看到我們一直在改變；我們越來越醜，因爲我們年紀越來越大，這也指出我們的無常。但我們照鏡子時，不去注意這一點，我們只注意到自己有多好看。

　　但如果我們了解這一點，這會向我們顯示出自己的無我；因爲如果有一個眞實的自我，它怎麼會變？它爲什麼不斷地變？它爲什麼不能保持永恆？

　　現在再考慮第二種方法，有關外在的事物。你可以拿任何一個外在的物體來分析，在此法本中提到過好幾個例子。基本上它和以「山」為例的解析方法是一樣的。你察看「山」是由什麼構成。你將「山」的組合分開，土地不是「山」，草、樹、石頭也不是「山」。你如此去察看。也用同樣的方法來分析動物。看名字如何根據物體而改變。所以，事實上它們都只是一大堆造作的標名而已，都不是具有真實、個別存在的實質物體。

　　當你想到其他生物，有情眾生、有意識的生物，每一種都有個名字：昆蟲、動物、馬、牛、狗等。奈歐密女士的狗，名字叫作「博」。想像你的寵物，不管牠叫什麼名字。真正的「博」在哪裡？什麼是「博」？現在你聯想「博」就是「博」這隻狗。如果狗死了，被割成小塊，那時，「博」在哪裡？你還會叫這一堆狗肉「博」嗎？或者它是狗的皮膚，狗的毛髮等等？「博」已經不在了。或者拿樹幹來說，當我們看見樹在生長，我們說那是樹幹。如果我們把樹砍下來，用樹幹的木材做成一張桌子，雖然它是同樣的樹幹，但現在卻是一張桌子，是另一個名稱。你可以拿任何一件東西將它燒了變成灰，那就叫作「灰」，它的身份變了，名字也變了。

　　當我們如此地想，我們自然會得到某種了解，也同時會了知無常。不只這樣，外在事物或眾生沒有真實固有的本性，他

們實際上是無常的。我們也可以拿夢境發生的事物來觀察。不只是進入夢境狀態，所有在夢境發生的事物，在醒來後都不存在。然後我們進入白天的醒覺狀態，但是當我們進入睡夢狀態，一切白天的經驗也不復存在。所以我們基本上是從一個狀態轉化到另一個狀態裡，兩者均屬無常。

由於我的上師，神聖大慈悲主觀自在菩薩，在夢裡對我說的話，我徹底了悟所謂的「人我」和「名稱所指定的事物」（名字的命名之處）這兩個題材。

所以到此所有的教導，有關尋找自己和事物的自性，作者敦珠林巴解釋這些教導是在夢境中得到。在他的夢中，他看到根本上師，實際上是觀自在菩薩的化現，他就是現今在西藏仍活著、名叫突庫替察喇嘛的前世，他的前世可能就是這裡提到的上師。

3

顯示一切現象（法）
是如何從空性中生起爲緣起的展現

鄔金海生金剛顯化教導

(2) 顯示一切現象（法）是如何從空性中生起爲緣起的展現。

　　在另一個時候，當我遇見鄔金措計多傑 ❶ 的原本智慧幻化身時，他指導我如何把顯相淨化爲幻象：「這個解説是關於因緣會合的相依關係（緣起）；『因』是瑩潔明澈且賦有性能讓一切生起的基礎法境（基界）。『緣』是執認有『我』的意識。當這兩個會合時，所有顯相如幻象般衍生。

　　如此，基礎法境（zhi-ying）、從此基礎法境動能（tzal）展現所生起之『一般心（sem）』，以及一般心念顯化的内外諸法界，它們的相連關係就像太陽和陽光。所以，我們用『相依而生』（合和因緣）來表述。

　　然後過了一段時間，作者敦珠林巴有一次見到蓮花生大士，他以原本智慧化現的海生金剛幻化身顯現。蓮師給予他直接口傳，是有關依賴合和因緣來認知顯相的虛幻本性。釋迦牟尼佛的十種幻相比喻也是這些直指口傳的根基；這是十種在世間存在的幻相，我們可以藉著它們來了解幻化萬象。

　　以合和因緣的相依關係來說，顯相如幻的起因即是基本虛空；我們可以稱它作基礎，它是光明和清澈的。它具有化現一切事物的潛力，沒有一件事物不能從其生起。你也可以拿它和一面非常淨明的鏡子相比，即任何事物均可反映出來。這即是

心的本性，你必須小心地思考這些要點。這個起因（基礎）是光明清澈，任何事物均可從它生起；其實這就是心性。

　　談到「因緣」的互倚關係，我們已確定這個「緣」就是執著於自我的意識。當這個執著於自我的意識與這個光明基礎結合時，所有顯相在本性上都是如幻的。

　　所以從這個光明基礎與它的展現（我執）中，心意生起。心所顯現的一切即是所有現象界，而一切現象的本性，實際上是如幻的，但是它們卻未被如此認知。連續不斷的幻化顯相不停地呈現。但由於迷惑之見，被誤解或曲解為真實的存在。就像太陽和陽光一樣，它們的關係是持續互依的。

　　這就是比喻：『因』是清澈明亮的天空，『緣』是幻術物質、咒語、能製造幻象的一般心念，當這些『因緣』會合時，幻象會出現，這就是『緣起』。

　　如此，所有顯相都是如此，顯現但無我（自性）；由於執認有『我』的關係，顯相的顯現就像海市蜃樓或陽焰是依賴清澈明晰的虛空與熱氣水分聚在一起而顯現的。

　　這裡提到「因」是清晰、光明的虛空，和「緣」是相依互倚的。為了有助於了解這一點，假設這裡的「緣」是一個知道如何運用不同幻化物質、咒語與幻相的魔術師，然後藉著把這

一切情況湊在一起，魔術師能夠製造出幻相。當其他人看到這幻相時會認為它是真實的，但製造幻相的魔術師知道那不是真的。所有一切事物可被創造出來：彩虹、大象、飛鳥，物體，使它們呈現的人了知它們是個幻相，但其他看見的人認為那是真的。在這個例子裡，與「因」湊合在一起的「緣」即是魔術師能用魔術和咒語製造幻相的能力。至於我們的實況，與「因」湊合在一起的「緣」即是「我執」。作為「緣」的「我執」加諸於「因」──此純淨明晰的基礎法境上，一切幻相即顯現。

　　我們如何製造出「我執」？我們先是執著於「自我」，然後其他一切事物均以「自我」的對象來對待：我的房子、我的先生、我的車子、我的這個、我的那個。因為我們認為「自我」是真實的，所以我們把所有對象都看成是真實的。

　　雖然現象並非真實存在，因為我執之力，我們相信現象界真實存在。就像在濕熱的天氣，天空晴朗時，當熱和濕遇在一起，藉著無雲的天空和熱濕的條件，我們能看見幻相海市蜃樓，就像有湖真的存在於遠處空中，實際上只是幻相，並不存在。明晰虛空為緣起與我執為條件的相遇，就像剛剛提到的例子一樣。

　　所有的顯相，不論是在白天清醒時、睡夢時、生命終了時

的中有境內，以及未來世中，他們都只是顯現但無自性。迷惑的生起是因為我們把這些顯相執認為實有。這就像在作夢時，我們並沒有認為：『這是夢境，這是假相。』反之，我們把這些夢境執認為常存的實有環境。

當我們作夢時，我們不會想夢中的景象是假的，那只是個夢而已。當我們作夢時，我們被夢境完全控制，我們相信所有在夢中生起的外在顯相和我們白日醒時所發生的一樣真實。同樣的，我們將會相信當我們在中有境界時的顯相，以及未來世的顯相也會當作真實的。所有我們的快樂、不滿、逆境、經驗等，皆是從「我執」以及這個「緣起」和「條件」相連的關係而生起。這也顯示出所有經驗只是幻覺，並非永恆；一點「自性」也沒有。

藉著內在執認『我』為『緣』，無數顯相生起為我的『對象』。這就像當臉與鏡子會合時，藉著這個會合的『緣起』，反映就會出現。

就像你有一面鏡子，然後當你的形相靠到鏡子前面，兩者相遇，就會有反映。反映不是在鏡子裡，雖然當你看它時，它好像是在鏡子裡。反映完全要靠你走到鏡子前面，就像這樣。

　　因爲我們受制於『我執』的束縛，輪迴六道的顯相因此隨應相繼顯現。這就像一個普通人在日落時，親眼看到一個尋香城堡於外在的平原上出現。

　　妙欲顯相原本是無法被成立的，能看到、聽到、嚐到、觸摸到、嗅聞到的不同外在顯相，其實是從自我生起，它們都像回音一般。

　　所以「我執」是非常大的力量，它是如此強大，以致能創造出六道輪迴中的眾生。由於所有六道眾生的現象經驗，只是因爲「緣起」與「我執」爲「合和條件」，這兩者的結合才會投射出這些幻相，它不是從他處生起。

　　所有富有魅力與引起慾望的物體顯相，原本是無根基的。雖然我們具足所有感官的經驗，能聽見、看到、聞到、嚐到與摸到它們，但它們仍舊是個幻覺，全都是因執著於「自我」而生起的經驗。所以它們的本性就像是回音，你聽到回音當作是聲音，但它是從其他某一物生起的空音。它是從因和緣生起。

　　所有顯相不離於本始基，而與此本始基爲一味，有如海中映現之星辰，不離於海而與水性爲一味。

　　所有的現象除了是基礎外，別非他物。基礎就是這個根

基，這個廣明的虛空，這個明燦清晰，基礎的本性均是一味無別。由於從基礎生起的事物沒有什麼限制，一切從它生起的事物也是與它同一味；這是法性的一味或實相。舉例說，當你向海面看，你看到星辰、月亮、海浪從海裡湧起，再融回海洋，實際上在海洋中看到的星辰和海洋沒有什麼兩樣；它們不是與海洋分開的事物。這些海洋中的星辰或浪濤，雖然看起來有別於海洋，但卻是一樣的，是同一個海洋。

藉著執認有『我』，『自己』與『他人』就好像真實般地存在於基礎法境遍佈開闊的廣大虛空中；這就像水泡浮現在水上。

基礎法境空明瑩澈的那一面被侷限在自顯意識的狹窄範圍內。由於這個根深柢固的影響力，迷惑顯相以無數不同的方式不斷地顯現。這就像當視覺神經被按壓，或者當一個人因為氣脈不平衡而看到光影一樣。

由於有一個執認『我』的意識，無數不同的顯相就會從自性的基礎生起，然而這些顯相從來沒有離開過基礎、也從來沒有在基礎以外生起。就像一位精通幻象幻化的行者，他能夠展現神通幻象。雖然在此行者入定而行幻化之相時，有不同的幻象會顯現；實際上，它們是沒有根基而且不能被指證為實有的物質。

　　我們現在是根據每一點來審視這個題材，目前這個教法是以環繞的方法來進行。如果你以我們現在進行的方式來回審視，然後當你觸到核心，你將能直證它，不會有誤差，你會以巨大的確定性肯定。這個認知將會很穩固。不然，除非你是具有非常優秀的敏銳資質（上根器），否則很難直證核心，我們很容易聽過就忘了。

　　我自己感覺是這樣。拿蘋果樹來比喻心性的審視。如果你想要摘取要點，也就是樹的果實，你就應摘取蘋果並吃了它。這就是說，了悟你的真實自性並從輪迴中解脫。有許多方法能摘到蘋果。在佛法中，針對有時間和機會深入研究的學者和聰明人，有許多方法能拿到蘋果（證悟空性）。如果你能活得很長，便可以如此做，你有這樣的機會能遇見許多老師等等。但在現代社會，不是說我們不會長壽，而是我們不知道自己會活多久。通常我們應想像我們不會長壽，因為上半生已經過了；不只這樣，現代社會裡有很多世間紛擾和分心的事，即使你有心修行，最後仍會在這些紛擾分心的事上花費很多時間而無法修習。這就表示我們應該尋找直達目標的方法，因為我們沒有時間浪費在轉圈子上。

　　在西藏，一般在家人並不真的想要像我們現在談的方式去修習。想要在此生此世達到解脫，這是出家人和喇嘛上師才能做到的。在現代社會裡，每一個男男女女，不同年紀、不

同社會地位的人都有興趣即生成佛。你會發現從不同生活背景
來的不同的人，有志於修行，我覺得這是件好事。這不只限
於男士、喇嘛和出家住在寺廟學習的人，這是件好事。同時在
西藏，特別是格魯派（黃教），特別著重學習邏輯，以邏輯因
明來了悟「人我無」和「法無我」，這些題材就是我們以上提
到的。但首先他們須根據大乘經典修習許多許多年，徹底了解
後，再進入密乘，深入不同的外密法，慢慢地再進入內密，在
接近死亡，生命快終了時，在他們快接近大圓滿見地時，他們
就可能死去了。他們花了一輩子時間得到的東西，我們現在就
拿到了，這是一件很有助益的事。不過不要誤會，在西藏也有
很多從小就熱衷於佛法的人，他們很小就聽到佛法、很慎重其
事地去思考所受到的教導並努力禪修，最後在中年達到高深證
悟的人也為數不少。

　　想像我們看到所有的顯相，實際上稱為顯相這個名詞，這
在大圓滿教法中的同義詞稱作「無根基」，這意味著它們不管
如何都是無我存在的。所有外在客觀的顯相均是無根基，是幻
相影射的另一種說法，是虛幻投影。

　　啊，不可思議的孩子，如此逐步地禪修，你將會了悟所有
顯相皆為幻，並成為幻相的瑜伽行者。」說完後，他就消失
了。

蓮花生大師是在說所有顯相是無根基的。

譯註

❶鄔金海生金剛（Tsokyi Dorje），蓮花生大師的化身之一。身白色伴有紅色光暈，童子相貌，雙眼凝視，內著白色的金剛密衣，其上漸次是紅色的長衣、深藍色的咒士衣、裝飾有黃色花朵圖案的紅色法衣，最外面就是紫紅色的大氅；一面兩手，右手執持五股金剛杵，朝向心口；左手等持，上面顱骨中有盛滿了無死智慧甘露的長壽寶瓶，左肘彎處挾持三尖卡當嘎（法杖），體性為佛母曼達拉娃，頭戴五瓣蓮花帽，平靜相貌中顯露出威嚴，雙腿以國王遊戲姿勢而坐，周圍到處都是彩虹光幔。在五彩光芒網眼中的彩虹光團中央，有從根本上師心中妙智慧化現的印度八大持明、八十四位瑜伽自在者、藏地的君臣二十五尊等，以及印藏佛陀密意傳承、持明表示傳承、補特伽羅耳傳等三種傳承所有的上師，還有六續的靜忿本尊、三處的勇士、空行、護法、財神、伏藏主等如雲圍繞，總集了一切皈依處的體性。

蓮花生亦名為蓮師或海生金剛，釋迦牟尼佛曾預言此上師將把佛法傳入西藏。烏仗那國的帝釋力國王由於幼子早逝及國家面臨嚴重饑荒，歷經了人生種種考驗。觀世音菩薩因悲憫國王，祈求阿彌陀佛慈悲救度，於是阿彌陀佛從舌間發光射向達那郭夏海，海中即現一朵大蓮花，從此蓮蕊，化現出具有三十二相、八十種好的八歲男童，手持「金剛杵」和一朵蓮花。他派去的大臣赤那真在回程中看到了這名男童，於是國王前去看他，把他帶回皇宮，收養為子，取名為「蓮生」（Padmakara）和「蓮生金剛」，並賜坐在由滿願寶所現珠寶鑲嵌的寶座上。

4
破除對事物爲眞實常存的執認

敦都多傑－持明伏魔金剛顯化教導

b) 破除對事物爲眞實常存的執認，有三點：(1) 遍佈、非和合的虛空擁有七種屬性的教導；(2) 一切現象（有爲法）是如何性空而非實存；(3) 對現象的性空必須有理解，並切除對此所生的疑惑。

(1) 遍佈、非和合的虛空擁有七種屬性的教導。

在另一個時候，敦都多傑－持明伏魔金剛❶對我説：「金剛，這個永恆的金剛，它的涵義可藉由觀察虛空的自性來了知！」

在另一個光景中，敦珠林巴見到仁珍敦都多傑，接著他開始揭示這一句話的意義。也就是說，他公開給予直指口傳。

他在揭示這些話的意義時，說了以下的話：「此虛空是整個宇宙與內涵生起之基礎。例如，鏡子是所有反映出現的根基，除了鏡子以外，它們不以其他事物而成立；就如水中月是以水爲基礎，除了水以外，它不以其他事物而成立；就如彩虹的生起是以天空爲基礎，除了天空以外，它不以其他事物而成立。

　　彩虹和天空的本性是一樣的、水中月和水的本性是一樣的、映像和鏡子的本性是一樣的。

　　既然虛空不會損傷，所以它是『不會損壞的』。既然虛空無法被摧毀或破壞，它是『不滅的』。既然虛空是萬物生起的基礎，它是『真確的』。既然虛空不被缺點或優點所摻染，它是『無污染的』。既然虛空是超越更迭或變化，它是『穩定的』。既然虛空能夠穿透甚至極微之塵，它永遠都是『無礙的』。並且既然沒有任何事物能侵損虛空，虛空永遠是『不壞的』。

　　虛空有七種特質。這也是金剛的七種特質，這裡描述的金剛杵是永恆的。為能了解它，我們觀察虛空的本性。所以，虛空的本性和金剛的本性是相同的。

(2) 一切現象（有為法）是如何地性空而非實存，有三點：(a) 現象如何真正的性空；(b) 藉著觀察夢相與生死的流轉，而生起對此（顯相為空）的確信；(c) 對實存的事物只是顯相達到確認。

(a) 現象如何真正的性空。

　　既然所有其他物質能被武器損傷，它們是『會損壞的』。
既然外因能摧毀或破壞它們，它們是『會毀滅的』。既然它們
可以轉變爲一樣或多樣，它們是『假相』。既然它們能被它物
滲透，它們是『易污染的』。既然它們是變動與搖晃的而且沒
有固定所在處，它們是『不穩定的』。既然任何事物都可穿透
它們，它們是『有阻礙的』。既然外因可以使它們變爲空無，
它們是『可摧壞』的。這些事物的特徵是無有自性—— 它們是
性空的。

　　再者，粗大物體可被分解爲細粒，這些細粒可以再分解爲
更小極微，這些極微可再分解到空無爲止。如此，這些物體的
特徵是，它們無法被指證爲實有的。

　　如果你認爲這些物體本來是存在的，只是經過分解的步驟
後，才被化爲空無，就觀察你夢中的顯相。這些夢中顯相，即
使在顯現的刹那，也不能指證爲實有的。觀察這些夢顯相是如
何現起與終止，它們能不能被看得到與感受得到，是否取決於
眼睛的睜開或閉著，或腳步的提高或放下。

　　所有其他事物，其特性是被分割成細粒，細粒能化成原子
極微，一件件，一塊塊，最後變成空無，不剩下任何東西，就
這樣，似乎是原本存在的事物卻並非眞的實有。所有我們的活
動就像這樣，開始時似乎非常眞實，最後卻完全不存在。如果

你仍然想活動存在，或曾存在，然而在你夢境中時，雖然當時是不存在的，你卻認為它是真的。你做事，觸摸事物，看見事物，你有所有的經驗，不論你的眼睛是開的或閉的，一旦你從夢中醒來，你馬上會確認夢境非真。

　　你也許會反駁說：『但是並沒有一個先前的顯相在顯現後就終止與消失；然後一個未來的顯相會生起來代替它。相反的，當前一刻的顯相向未來的另一時刻前進時，在過去與未來時刻裡顯現的這一切顯相，它們存在的方式可被指證為真實存在的。』如果你是如此地認知的話，就再次觀察夢境顯相。仔細思考這一點，所有顯現的事物都只是名稱而已，它們是藉著因緣的相依關係而顯現，而且不可能有任何獨立的自性。

　　觀察夢相，因為假如你看夢相，那也不是真實存在。雖然看似過去的夢已經過去了，而未來的夢將會像真的。然而，未來夢的本性和過去夢的本性是一樣的，皆都是虛幻。一切就像那樣。即使我們看因果律。假如你想因果互倚關係是確定的，你就需要了解因會變成果，果會轉成因。所以一個會轉成另一個，而另一個會再轉變。所以每一個都沒有真實原本的自性在其中，皆是無常的。

那麼，這些有關盧空和金剛的七種屬性的解說，是引用象徵來顯示，盧空因為非實質，所以究竟無變更或改變。這七種屬性顯示出法性持久不變之相，這即是遠離言說思議的不變本質。

以上的卓越論證，可用來解說實質與非實質、真相與假相的區別。拿手指指向月亮的比喻來看，要望向月亮，而不要只是看到手指尖就感到滿足。假如你不再三去熟悉此點並達到確認，你一點也不會接近遍智之道。

所有以上有關盧空與金剛的七個特性的討論，是為了凸顯任何有形物體的本性是屬無常與會改變的。所有事物與現象都沒有金剛的七種品質；它們都屬無常和易變，也都沒有真實原本自性。當我們歇於法性，也就是金剛本性或盧空本性時，這是超越言語與概念，而且此自性是不變的。所以我們要能辨別什麼是真相、什麼是假相。如此，當我們歇於自性時，我們是歇於真實本性中，我們不會對什麼是真相、什麼是假相弄不清楚。

當你禪修時，如能不斷地審視是非常有助益的：「我是否在從事『金剛盧空』的禪定？」「我是否歇在擁有七種金剛特性的覺識（本明淨覺）中？」或者，「此禪定是否基於假相或不純淨的覺識？」這種禪定是當你認為自己是在禪修某類有形

與具體的事物，也因此，它是具有真實、原本自性；但這就遠離了金剛的七種特性。你如此不斷地檢視，然後你會慢慢地了解，什麼才是禪定、如何安歇於基礎本性中。我們必須根據這些教導來明確認清什麼才是正確的禪定。這是經過長時期把這些教法融合到自己的禪修上，再三地確認空性並歇於此自性中。因為這是帶領我們到達遍知之道的唯一途徑。如果沒有做到的話，我們將永遠不能體驗遍智的道途。假如在禪定時對空性沒有正確的了知，這是連遍智之道的邊都沒碰到，還差得遠。

啊，極端聰明的孩子，你一定要徹底檢視這一點的意義，這樣你就會了悟所有顯相的本性就如虛空一樣，你將成為打開虛空之門的瑜伽士。」

說完後，他就消失了。

這是指他會以虛空之門的瑜伽士而聞名，這意味著他會擁有所有虛空的潛能品質。

＊　　＊　　＊

問＆答

　　學生問：你如何能看某件事物是虛幻的，像這朵花，而仍然去欣賞它？

　　上師答：因為「因果」互倚的關係仍然存在，沒有任何事可丟棄或放棄。你的了解越深，你對這虛幻的本性就會有更深的體會。所以下功夫深入，以大圓滿禪修，你將會開始了解一切均是你自性的展現。因為它是從你的自性而生起，所以沒有任何事物可接受或拒絕；你只要以淨觀來體驗它，但不要對它有執著，否則就成問題。我們這裡所意謂的問題就是執著。

　　學生問：我有一個問題是關於「虛幻的」（illusory）形容。看起來「無根基」（baseless）比虛幻的更接近原意，因為它像是一件不存在又非不存在的事，而「虛幻的」意味著不存在，而實際上這是介於其中的。

　　英譯者桑傑答：在藏文裡，「無根基」有另一個名詞。名詞非常重要，特別是在大圓滿裡。我認為想要了解大圓滿得依賴你如何了解這些名詞。每一個名詞的涵義很深。有許多名詞是針對大圓滿的。至於「糾瑪」（sgyu ma）「虛幻的」，這不一定是大圓滿的名詞，而「無根基」就是了。但我想一旦我們更深入這套法，會對你的疑問有幫助。

上師答：目前有關虛幻本性的討論還沒有真正進入大圓滿的範圍。這仍然是以「中觀」來討論，以此法來接近大圓滿。在目前這一個階段，你應該思考的是「虛幻」這一個題材。要了解到物體並沒有真實自性。雖然它們看起來像是存在，但它們是虛幻的。當你了知它們是虛幻的，你才能領會其本性是完全沒有根基的。但首先，你須要了知它們是虛幻的。那是一個階梯。你仍能看見它、聽見它，你仍能品嚐它、觸摸它，它在那兒，也不在那兒。但你仍然無法說它不在那裡。每一個顯相都在顯現。

虛幻的絕對本性是無根基的，但在道途上你得暫時依賴著它。

學生問：您提到我們在美國的人沒有時間做長的閉關修行。您可否再談一下我們美國人其他的問題？

上師答：你可以告訴我這些，好過我告訴你。實際上需要做的就是，修行一定要有堅固的基礎，就這樣，沒什麼好說的。不管你是住在哪一個國家，從哪裡來，這就是我們該做的。這就是為什麼佛陀開始先以四聖諦開示，針對每一個人，這都是一樣的；這就是小乘的精要。在金剛乘的修行道上，我們一定要先吸取小乘的要旨，慎思細想四聖諦的教法。

第一聖諦是苦諦，一旦你對整個輪迴的性質是苦有某些確認，你就認清了這個實況。然後，你要去檢視，它是否能改

變？它是永恆的還是無常的？這就會使你領悟第二個聖諦：受苦的原因。什麼是受苦之「因」？這個「因」是善、不善、非善非惡？是什麼製造了這個問題？

然後你開始思考並相信「業力」，也就是導致苦因的因果律。因為假如你相信輪迴的性質就是受苦，也相信某一件事導致苦，然後當你開始探尋苦的因，你會發現是惡業導致苦。這意謂著是「因」導致一個「果」，這就是所謂的「業力」（因果律）。一旦你了解業力是怎麼一回事，你會把它與過去多生多世的生命聯想在一起。你因此會對轉世的真實性有一個堅定的信念，因為你會了解到意識是如何被因果之力推動著，也會想到不善業的各層面及其帶來的效果，特別是十不善業——三種經由身累積（殺生、偷盜、邪淫），四種經由口累積（妄語、兩舌、惡口、綺語），三種經由心念累積（邪見：認為無因果、無來生、無佛等種種不正確的見解。瞋業：生出瞋恨之心。貪業：為名利等起佔有之心）。這些都經由「我執」而起。基本上，你一定要能夠真正地領會到四聖諦是什麼，這就成為你修行道上的基礎與根基。它必須是非常堅定不移的，但那要靠你的聽聞、思考和禪修。你不能只靠嘴巴說說，從書上讀到，然後跳越到更高的修法；那就是問題。一個人真正要踏實得到並有堅定的確信才行。

當我們觀察業力的定律，我們會了解受苦的狀況可以改

變，也了知我們不會永遠被鎖在輪迴的狀況內，藉著因果業報之律，是可以改變的。了解到不善行會使情況更壞，而善行會改善使之變得更好些，如此修行之途便開始。這就是「道」的聖諦，息苦之真理就是道。因此你開始累積功德，去除業力的折磨和障礙。基本上你學會去除不善之根，生起善功德。你必須要做不善業的反面才能在這條路上進步。你不能只是停止造作不善業而仍保持漠不關心。不善的反面是善。所以你必須積極地做善功德、做善圓滿行去製造獲得善果報的因。在你能夠成功地去除所有不善的因後，除了善因不製造任何事，經過一些時間，這結果就會是永恆的快樂，不是永恆的受苦。

如果我們不了悟四聖諦，學習什麼該接受、什麼該捨棄，而試著禪修更高的法，這就像把宮殿建築在冰上，或是在建造一個會融化的雪人。這不只在美國是如此，任何地方都一樣。任何佛教修行人都須要了知這一點，因為這是真理（聖諦），是如何可行之道途。這就是你進入小乘之道的方法，就這樣。

特別是小乘的第一個學派 —— 聲聞乘，這是他們主要修行法門，四聖諦。至於第二個學派 —— 緣覺乘，這也是主要的基礎修行；在這之上，他們也修習十二因緣，這是他們主要的禪修，去看這一圈互倚的「因緣」。特別是專注於生、老、病、死、生……不斷的接下去。

如果你已經確切地了悟這些，就有絕佳的條件進入大乘；

沒有比這個更佳。這就是你進入的方法。因為你已了解輪迴的基本性質。你已經從心底了解。

那麼你如何進入大乘？大乘之道是以培養四無量心做起點。雖然四無量心培養的次序一般是列為：慈、悲、喜、捨（平等心），但是根據敦珠法王與幾位有至高證悟的上師都認為應該先培養無量平等心。你必須先生起平等心，然後從此再生起無量慈愛、無量慈悲與無量喜悅。也就是說，你是以了悟所有生命的平等性作為修行的起點。一旦你體驗無量平等心，你就會平等地慈愛所有眾生。這不是像對某一個人說：「我愛你。」或是說：「我只愛你一個人。」一旦你能夠真正培養與生起四無量心時，這就是菩提心培養的開始，稱作「願菩提心」。可是即使是達到此「願菩提心」的程度，還是不夠的；你需要實修，並運用在日常生活中，所以你是以「行菩提心」來實踐。

依據大乘之道，對所有眾生有無量慈愛的實修法，即是修習六度（波羅密多）。從慷慨開始，然後持戒、忍辱、精進、禪定和最後的般若智慧。這六度也有被視為十度❷，但無論如何，你只是為了其他眾生的利益而修行。你慢慢的在道上進步，因為此道是藉著這種利他行為來累積功德與去除業障。

在小乘修行道上，當你領悟苦的性質，你基本上是了悟到自己在承受苦痛。這主要是著重在個人的痛苦上，是這個激發你持續修下去。到你進入大乘時，你被介紹專注於他人的修法

而不再是自己身上。這就是為什麼大乘是如此重要，因為沒有這樣的修法，你如何培養對他人的慈悲心、你如何能夠把自己與他人對換？等到你修習這些方法與真正在從事「行菩提」時，你才能捨棄自己，如此，你才能稱為菩薩道上的行者。否則只是自稱為菩薩，就像一片補丁，總有一天會掉下來；因為並沒有真正的慈悲心。

在小乘的道上，你學習厭棄輪迴並對其不執著；這就是要點。但是在大乘，要點是了悟所有的眾生都與我是等同，一點差異也沒有。而且你了悟到應該珍惜他們多過自己，因為只要你還在珍愛自己，你便只是在阻擋自己道上的進步。這一點是所有佛菩薩們需要了悟的。沒有一個過去、現在與未來的佛愛惜自己多過他人。每一位有證悟之士都把自己與他人調換，沒有其他法。所以我們一定要接受此，而大乘的修行有助於我們達到這個目標。假如你能做到的話，假如你是一位真正的大乘行者，也就是說，珍惜他人多過自己，這是你生命的重心，你才有適當條件進入密乘。沒有比這個更讓你有資格進入金剛乘，之後你就可以修習任何你想要的，不管是外、內或祕密，因為這就是密乘的基礎。

當談到外、內密法時，這並不與你所穿戴的服飾、長相、是否出家等有關。不是的，而是與你的看法有關，你的心著重在哪裡？如果你是有發心、有見地，你就有資格修習金剛乘，

與你的外在相貌一點也沒有關係。密乘的外與內密，有各自的必要條件，但是如果有前面所提到的先決條件，剩下來的只是基於個人的敏銳度（根器）與偏愛。外密比較注重乾淨與行為舉止，在修習本尊法時，通常本尊是在前面而我們還是普通人的樣子。本尊像是神般的可賜予我們加持與修行成就，好像這些成就是從祂而來。這是開始的見地，當然你越往內修時，就會學習到更深的見地。當你從外密轉移到內密時，你會觀想本尊在前面，但你會感到與祂是等同的，幾乎像是兄弟姊妹般。但是當你進入祕密乘的瑪哈瑜伽時，在一剎那間你就是本尊，而前面不再會有本尊。如此，你越來越深入到修行的本髓中。

　　這一切都是真正的密乘道途，修習它們都會導致證悟，其差別是在於時間的長短。外密比內密要花更長的時間，但有很多的行者必須經歷這些階次才能進入密乘。不是說一個好過另一個，只是內密會快很多，會在很短的時間內達到果位。

　　瑪哈瑜伽是三內密（瑪哈瑜伽、阿努瑜伽與阿底瑜伽）的其中之一。它是生起次第的修習，是藉著這個階次的禪修，我們可以了悟一切形色為本尊、一切音聲為咒語，以及一切思維為淨覺（本明或明覺）。以此了悟，一個人能夠為了利益眾生而刻意轉世，因此是對下一世的轉世有完全的掌控力。

　　此生起是從空性而起，然後會融回空性；這個融回就是圓滿次第——第二個內密的阿努瑜伽——的主要重點。簡單地

說，這個生起融回其源頭，就像浪濤生起後再消回汪洋，藉此，我們了悟這兩個的合一。兩者並不是分開的修法。

像水滴回到水中，了悟生起與融入的不分，是無二的，這個的本性就是大圓滿，阿底瑜伽。我們目前的教導就是大圓滿的層次。

有很多書籍是關於四聖諦與菩薩行教導。閱讀、研讀與修習寂天菩薩的《入菩薩行》，有助於領悟小乘與大乘的要旨，我鼓勵你們能夠盡量去做。

我們的修行常就像是在建造冰寺廟或冰殿一樣，不管你如何稱呼它，它終會融化。問題出在我們並不讚賞或尊崇四聖諦、轉心四念或前行法；我們忽視它們。這就是我們玷辱佛法的地方，這也是我們所有的問題。這個不是宗教的問題，我們一開始就沒有弄對。不要跳太高，要打一個堅固的基礎，之後你才可能進步。如果你沒有基礎或根基，那麼你所建設的就像一個雪人一樣。

我們在這個心性的教導裡，談到的是先要建立見地。根據大圓滿的教導，一個人首要的就是建立見地。有四個方法是用來建立見地。我們還在第一個，也就是了悟兩種「無我」：「人無我」與「法無我」，或是「意義無自性」，或是「客觀顯相無自性」。「法無我」意指「自我」以外的事物，任何除了「我」以外的物象都屬於第二類的「法無我」。

　　在這個修法裡，我們試圖認出「自我」是從哪裡來的、這些現象是從哪裡生起。經過這個分析的觀修過程，我們可以確定並確立「無我」的見地。「我」並沒有一個真實的自性，而且向「我」顯現的顯象也沒有真實的自性。了悟「無我」的益處是什麼？其益處是，藉著這個了悟，逐步地我們最終能了悟自己的佛性，而且暫時地我們能夠從執愛與厭惡的束縛中釋放解脫。假如我們沒有執愛與厭惡的頑強潛習，我們與他人間，特別是對自己的家人，會生起一種親近感，一種安逸、自在感，如此別人自然會感到與你的接觸是舒適與祥和。不會有糾紛，而會有數不盡的益處。

　　至於領悟大圓滿的了義，這就像當仁波切的手指指向太陽與月亮時，你只是看著他的手指尖而沒有去看太陽與月亮，這是不夠的。當你從一位具德的上師處聽到大圓滿法，之後你感覺到所聽到的真是如此，真有道理。這個就是聽聞的智慧。但這只是聽聞的智慧而已。下一步，就是思考所聽到的法；你一定要思索與探究所聽到的開示。不應該只是接受所領到的法，否則就像望向上師的手指尖而不去直接看太陽與月亮。雖然你已經聽到法，但這不是大圓滿法的最終果位；這只是第一步而已。我們都有如此的傾向，甚至針對前行法也是一樣。我們不需要那種放在玻璃櫥櫃裡的食物，只能看不能吃。我們需要去吃它。

　　這就是為什麼我們必須正確地聽取佛法，然後仔細地思

索，再下來就是禪修所聽到與思考過的法，這樣我們的禪修才會正確。但只是主觀地思考是不夠的，因為這還是二元相對。如果一個人對大圓滿的了解只是停留在客觀了解上，他又如何去確立落實大圓滿見地？這絕對是不夠的。

同樣的，當我們修學生起次第或修持本尊時，我們首先需要一個基礎來修本尊，我們需要得到教導針對修此法之目的。本尊的修持是為了去除四種輪迴轉世的習性：胎生、卵生、熱濕融合、立即化生。所以任何本尊的修法都有四面，本尊可以是漸次逐步的生起或在憶起時立即生起，這是針對淨化個人投生入輪迴的習性。

任何時候當我們修持本尊時，淨化的基礎是先要進入空性 ── 真理的基礎本性，法性 ── 的覺識中，誕生是從此而起。甚至在生起次第裡，我們都得先要確立空性。我們也了解到本尊之相是以空性的展現而生起，祂是原智本性顯相的色身，而且原智本性之顯相與本尊是同義的。本尊是從基礎，法性，真如本性，生起與化入。這兩者是不分的，色即是空，空即是色。我們也就是藉著此不分的體認來修持本尊。否則的話，我們會認為祂只是空性，這就落入虛無的邊見（斷見）裡；或者我們會認為本尊為真實、實質或實體的，這就掉到永恆邊見（常見）裡。而大圓滿與這兩種邊見都無關，它不是斷見，也不是常見，連本尊修持也不是。

譯註

❶伏藏王－持明伏魔金剛仁珍敦都多傑（1615-1672），出生在西康德格斯域地帶歐普村莊，一戶名叫布若的家庭，自幼遠離凡俗的垢染，而深具正士德相，對於藏文的文法、書法和醫學，皆無需苦讀而精通無礙。六歲時漸覺醒了正士的種性，便進入著名的德格貝倫珠燈佛學院，於是在袞噶嘉措大德座下落髮，賜名袞噶蘇南卻巴。在學院裡刻苦研習花教各大經論，博通至極，深得當時師長及同道學友們的推崇和讚賞。

在他的一生中，走遍了西康上中下區域，以治病和宣講佛法等方式普渡眾生。首要弟子著名的有：仁珍龍沙寧波、南卡吉美尊者、瓦卡活佛卻吉嘉措、佐欽白瑪仁珍（佐欽派始祖）、達喇根桑恰達倫珠、珠欽白瑪諾布、仁珍根桑希熱（白玉派始祖）等。

他的座下出了眾多的金剛持尊。特別是嗣子嘉色諾布永扎和生在康區的巴索‧白瑪旺嘉等後裔脈統，以及伏藏大師龍沙寧波等，將其法脈傳承發揚廣大，至今仍流傳廣佈於世。大師於一六七二年，享壽五十八歲後入寂，行往蓮師淨土蓮花光明宮。敦珠林巴也是他的後來轉世。

❷十波羅蜜，是六波羅蜜加方便、願、力、智之四波羅蜜。法相宗以此十波羅蜜配菩薩十地，說明修行之次第。即：

（一）施波羅蜜，有財施、法施、無畏施三種。（二）戒波羅蜜，持戒而常自省。（三）忍波羅蜜，忍耐迫害。（四）精進波羅蜜，精勵進修而不懈怠。（五）禪波羅蜜，攝持內意，使心安定。（六）般若波羅蜜，開真實之智慧，曉知諸法實相。（七）方便波羅蜜，以種種間接方法，啓發其智慧。（八）願波羅蜜，常持願心，並付諸實現。（九）力波羅蜜，培養實踐善行，判別真偽之能力。（十）智波羅蜜，能了知一切法之智慧。

《解深密經》卷四載，六波羅蜜之外另施設四波羅蜜之原因，謂方便波羅蜜為施、戒、忍三波羅蜜之助伴；願波羅蜜為精進波羅蜜之助伴；力波羅蜜為禪波羅蜜之助伴；智波羅蜜為般若波羅蜜之助伴。

5

藉著觀察夢顯相與生死的流轉，
而生起對萬法空相的確信

龍欽巴尊者顯化教導

(b) 藉著觀察夢顯相與生死的流轉，而生起對萬法空相（顯相
為空）的確信。

　　達到此確信後，我了解到一切顯相以本身而言是性空的。
然而針對為容器的外在世界、在其內晃動的有情眾生，以及
五種妙欲對象，我還是認為把這一切留下之後而去到另一個
世界，而所有眾生各自都有一個持續不斷的心識（心相續
rgyud）。

　　敦珠林巴修習了很長時間，慢慢地、細心地根據觀境中蓮
師開示的教法修習。經由修習，他了悟自我的空性，並有很好
的了悟。然後他了悟一切事物的空性，包括一切有形之物，實
際上包括所有顯相，諸如能夠看到一張桌子並欣賞這張桌子，
但同時也確切知道它的本性是空的。這也包括感受者、感受的
行動、六種感官境界均如此：所有形象、聲音、景觀、嗅覺、
味道、觸感，均被他了解為性空。他的了悟是非常正確和純淨
的。

　　但是雖然他對所有顯相為空性有一個確切的認知，他還是
認為外在宇宙與其內涵、所有在宇宙存在的眾生，以及對一切
感官具有誘惑力的事物：色、聲、香、味、觸，這所有一切的
現象都被留下。他感到這一切的空現象只是被留在某一處，而

他自己去到另一個新的地方。然後，他想到所有眾生都有這樣的一個「心識相續」，一個正在持續前進的心識；這更加深了他認爲這一切現象都被留下的想法。

也就是說，雖然他對「人無我」和「法無我」有正確純淨的了悟，他仍無法了解此自性的本質。他仍然有這個想法，認爲雖然他能看到一切眾生、一切有形事物和顯象是無常非實存的，是空的，他仍舊以爲它們有一個持續性的本質，所以他仍然把它們執認爲曾經眞實存在過。

要知道敦珠林巴實際上是蓮師伏藏一百零八位主要取伏藏師的化身之一，他是蓮師八大化身之一（忿怒蓮師多傑卓絡的化身），也是未來賢劫千佛之一。我們要了解到敦珠林巴只是以這個對話的方法來引導我們，我們不應該認爲他眞的還在這個嬰兒的階段，認爲他根本不了悟自心的本性。他的見地是與虛空等同，他有完全的證量。他是以寫個人的體驗來引導我們，因爲我們需要被一步步地帶領來了悟大圓滿見地。爲什麼？因爲直到目前爲止，我們顯示出自己乃低下根器的行者，我們也只有微弱的功德，我們的智慧更是培養不足。這是因爲我們的妄念與業力心結都很粗俗、粗糙，所以我們需要被這種方式引導。他只是把自己當作被引導的例子來領導我們，這就是典型的大圓滿大師的風格。

一位已有證悟與崇高品德的大師，永遠不會說自己懂得任

何事物；這與現代人的作法正巧相反。你們應該要記住這一點。你也許會問：「為什麼很多喇嘛，特別是年輕的一輩，有很多了不得的個人資格簡歷，他們會誇耀自己的品德。而仁波切剛剛又說一位有真正證悟的上師，永遠不會吹噓自己的品德。」這種要展示自己的靈修資格簡歷，這在真正修行傳統上來說，是連聽都沒有聽過。一位對佛法具有真正了解的人是不會自傲的。但假如我是在誇說自己就是這樣的話，那我就是在胡說。

敦珠林巴帶領我們就像帶嬰兒般，這也是幫助我們破除我執。針對大圓滿，我們要了解這是無法一步登天的。你一定要聽聞、思考，然後禪修所聽到的法（聞思修三慧修學）。這是一個需要被帶領的過程；如果你被正確的引導，你修行的結果就會純淨與堅穩。我們都曉得敦珠林巴是已然證悟的成就者，但我們也應該看清他在呈現這套法時是如何著重細節，並了知這就是純淨佛法的傳授方式。真正的佛法，不僅是大圓滿法，都是以這個方式傳授。

正當敦珠林巴認為這就是所有現象被留下的方式，他有了另一個夢。在夢裡的明晰觀境中，他遇見智美沃色（Drimed Odzer）上師。

就在這個時候，我在夢中親見我的上師智美沃色－無垢光

（龍欽巴尊者）❶，他以問答方式給我一個直指口傳。他說：
「啊，善男子，外在世界、於其內在的有情眾生和於在其中顯
現的五種感官妙欲境象，如幻術化入空中般地全都融入阿賴耶
的空無之境。最後，經由業力風習的鼓動，自己與自身的顯相
如幻術般地顯現，於是夢裡的世界、有情眾生與感官妙欲對
象全都從此而現起。由於執認這一切爲實有，迷惑妄念因此而
起。然後，夢境世界一切顯象如空中虹彩消失般地融入阿賴耶
的空無之境。隨後白天顯相遂如前再度生起。」

　　這是指我們每一天晚上或每一次睡覺時的經驗。例如，當
我們睡著時，我們的粗糙投影開始減少，我們再也聽不到聲
音、看不到形象。這個粗糙的投影，如聲音與形象等，會融入
內裡的心識，然後微細潛習的感官投影會融入「普遍基」（阿
賴耶）。在此時我們會不省人事一陣子，不管我們在這個基本
上什麼事物也沒有發生之處的不覺之境多久時間，也許只是片
刻直到我們醒過來。藉著業力之風的生起，我們會從「普遍
基」醒來，心識開始主觀地體驗自身與客境顯象。夢境融入
「普遍基」或夢境從「普遍基」生起的過程，是與彩虹融入虛
空或彩虹從虛空中生起完全一樣。假如你想多了解這個題材，
研讀夢境中有的修法會很有助益，這是在夢境裡修行與修清醒
夢境。

　　這就是迷惑的起點，因為在夢境現象裡，自動地就有一個主觀（我）與客觀（他物）的投影。然而，我們不但不會認出夢沒有真實的存在，我們反而確認它為一個真正的經驗；我們相信夢境裡的一切都是永存的。當我們在夢中，我們會確信整個投影都是真實存在，我們同樣認為白天的現象也是真正地在發生。被稱為「迷惑」的原因是因為我們把一個夢般的現象執為實有。

　　對此，我回答：「我仍然覺得我的身體不只是一個顯象，它絕對是從父母的因緣而生出的。」

　　他說：「假如你認為你的身體來自父母，那麼告訴我，這些父母的起源和終止是什麼？什麼是他們的來源、所在地和最終去處？」

　　我回答：「我想這個是有的，但我不太清楚。我倒是覺得身體沒有父母是不可能的。」

　　他反駁：「在夢中、中有內和地獄中的身體，誰是這個身體的父母？仔細思考！」

　　由於此，我確認這個身體不過是顯相而已。

　　我還是說：「啊，上師，我覺得當我的身體躺在床上蓋著被子時，夢顯相生起，而我的身體和人世間的一切仍無改變。」

上師說：「視爲容器的廣大外在宇宙、其内涵的無數眾生，以及在其間的五種感官妙欲對象；這一切美妙陳列的夢顯相，它們的客觀所在處是在哪兒？是在頭裡？四肢中？上半身還是下半身？」

雖然我確認沒有如此的地點，我仍然說：「上師，我想當我的意識去到另一處時，夢顯相生起；而當我的意識重回身體時，白天的顯相又生起了。」

他是在說意識好像是從身體中飄出、去到外在現象、到處遊歷、並在夢中經歷所有的經驗，然後當夢境完結時，意識就會回到身體裡，這樣我們就醒來。

上師回答：「如果是這樣的話，這個身體就像個住宅。那麼，你把意識進出的門給指出來。而且你也須要指出一般心的住處。如果它住在上半身，爲何只是刺你的下半身，你會感到痛？如果住在下半身，上半身沒有理由會感到刺痛。認爲先是有一個微小的意識從體竅進入再膨脹到全身，然後再縮小從體竅出去，它會如此變大變小是不合理的。如果這是眞的，那麼當死亡意識和身體分離時，爲何意識不會再回到死屍身中？

這個夢境，這個你認爲去至另一處，它到底在哪裡？上面？下面？四方的哪一個方位？你認爲它與白天的世界和其内

在的眾生物象是一樣還是不一樣？如果你認爲是一樣，它有沒有界限？如果有，則它不是白天顯相。如果沒有，它不會是夢相。因此，認爲這些顯相本身是實有，並指認它們爲高或低、內或外都是不通的。」

如果夢相與白天清醒時的顯相是同一的話，你就不能把它們分開來談。假如它們是不一樣的，它們之間就會有界限；也就是說，有白天現象、然後有一個間隔的時段，之後夢境現象開始。你必須確信它就是如此。或者是，如果你認爲它們是一樣，你必須確認它們是同一個經驗，而白天與夢境之間是沒有界限，因爲它們是完全一樣。或者是，你認爲一個在另一個的上面、下面、裡面或外面，這就表示它們是不一樣的，所以是不一樣的經驗。這裡主要指的是，不管白天或夢境的經驗，這一切都只是顯相而已。

<u>(c) 對實存的事物只是顯相達到確認。</u>

針對此，我回答：「我的上師，我應該達到什麼樣的確信？我應該以什麼樣的程度來了解？珍貴的上師，請指點我。」

上師回答：「從無始的多生多世以來，從來沒有出生過，

只有出生的顯相。從來沒有死亡過，只有顯相的轉化，像從夢顯相轉到白天顯相一樣。所有看到的物、聽到的聲、嗅到的香臭、嚐到的味和摸到的感覺，這些從眼、耳、鼻、舌、身感官所體會到的，都只是從自我生起的顯相而已，並沒有一毫髮尖地存在為它物。

如果你認為有獨立存在的事物，由於你能夠親眼看到它、手拿著它或由其他感官體驗到它。雖然在作夢時，所有色、聲、香、味、觸都好像是真實的，但是從清醒的經驗來說，它們從來沒有存在過，因為它們並不是實質的物體。

在無始多生多世的輪轉中，眾生從來就沒有真正遷移過，也從來沒有真正在別處居住過；這個狀況類似夢顯相。你也許認為夢顯相的真假度無法和白天的相提並論。但想想看，從出生到現在，所有夢裡和清醒時的經驗，這一切的活動、造業、奮鬥、努力、累積和策劃等等，是不是相同與等同的。如果你細心地檢視它們，但不以經驗長短期或多少量數來審查它們，你會對它們是相同與等同的達到確認。

不僅如此，如果夢顯相不是真的，而白天顯相是真的，就表示夢顯相是迷惑的，而白天顯相不是迷惑的。假如是這樣的話，你就應該認為在夢境裡的是眾生，而在白天裡的是佛。但如果兩者都只是迷惑顯相，對它們是否真實存在作任何的區分，都是毫無意義的。因為『迷惑顯相』意指執認非實有的為

實有的。

直到今天爲止，你吃下的食物等同須彌山，你喝下的湯飲等同海洋，你仍未飽滿。雖然你穿戴過的衣物等同三千大千世界，你仍不覺得暖和。你應了解，這一切指證出沒有事物可成立爲實有，它們只是顯相而已。

這不是關於我們擁有多少，這是指我們的欲望永遠無法被滿足，因爲這就是現象的性質。當我們執著於一個本來並不存在的事物時，我們如何能滿足。

(3) 對現象爲性空必須有理解，並切除對此所生的疑惑，有三點：(a) 對身體執著的過失，是導致實有（概念）的主要起因；(b) 破除對此確信的任何曲解妄見；(c) 促進覺悟的般若智，集中在此般若智的分類與相互關連這些要點上。

(a) 對身體執著的過失，是導致眞實存在（概念）的主要起因。

不了解此身爲空的顯相並執認它爲實有，是極大的缺失。由於只爲此身所花費的強大能量會侵蝕遍智之果，所以這個缺失即是『消蝕魔』(za dre)。

消蝕魔是指侵蝕解脫的根源。這就像把米的種子種下，幼苗生出要長成莖時，一些昆蟲來把它吞食，這樣就徒勞無功了。就像這樣，我們的心識就如侵蝕魔般地毀掉解脫的根源，這個魔不是從外面來，我們就是這個魔。「我執」就是魔。

由於它牽引我們從一世到另一世輪迴，引致生死的顯相衍生，所以它是『索命魔』（shi shed）。

我們一直維持著輪迴的流轉，不停的糾纏在出生、執認這個身體是實存、然後死亡、又再出生，不停的在生死裡輪轉；這就是輪迴的實況。

由於為此身而努力尋求快樂，如衣著等等，並由於執著於愛憎而使希望和憂慮衍生，因此切斷了解脫之命線，所以它是『斷命魔』（srog-chod）。

這種對自己身體珍惜的程度，以致於我們用盡各種方式與花費所有的心血來讓自己感到舒適，會導致我們受制於期待與失望中，這就剪斷了解脫的生命線。

由於它奪去了永恆快樂的氣息，所以它也是『奪氣魔』

（ug len）。

那被奪走的「永恆快樂的氣息」就是佛果。

因此，所有執著於六識對象的人，就像鹿在追逐幻化之湖泊，是連一微塵的真實性都沒有。

鹿看到海市蜃樓幻化的湖泊，趕了過去，結果發現什麼都沒有，就變得很失望。我們也有如此傾向，因為我們確信顯相是真實存在，所以對它們會有龐大的盼望。但最終我們總是會失望，我們的期望會不斷地破滅，因為它們只是海市蜃樓的幻象而已。在我們的生命中，我們是否有很多的失望？你不需要從佛法的角度來看這一點，單只要看這些字眼所講出的真理。因為我們執信此生是實有的，我們認真地對待它，努力用功地經營著它；然後我們在事業上、在與他人的關係中有很多的失意。我們每一個人的生命裡都有相當的挫敗。

(b) 破除對此確信的任何曲解妄見。

而且，就算你了解事物是空的，但它們還是像以前那樣的顯現，像是真的而並沒有消失無蹤，也許你會覺得這樣的了解

有何用處。假如你沒有了解到禪修的對象是空性的本質的話，那麼你所有的禪修一定會成爲無記。

如果你不了解空性，而只是認爲事物是空的，你所有的禪修都傾向中立漠不關心。也就是說，當你沒有了解空性而試圖觀想的話，你的觀想只是從中立漠不關心而來。如果你認爲它只是空於眞實存在，但對這個空性、這個眞如沒有了解的話，你如何期待證到這個空本性。因爲你從一開始就沒有以空性來禪修，所以你所證悟的也不會是空性；你只是在空洞枯坐而已。

而且你會想：『既然單只是對禪修與觀想這些其他法門有所了解並不會解脫，何以單修了悟空性就能實證一切事物萬法皆無自性？既然事物萬法從無始以來就是性空的，那麼對事物萬法是性空的有沒有了解不是都一樣嗎？』然而，了悟或沒有了悟，認知或沒有認知，兩者間的差別就是涅槃或輪迴、解脫或迷惑的區別。因此，你必須了解，重點是要有了悟與認知。

此外，有些人可能會說，如果不能依賴自力去了知的話，學習和思索不會有效果。但是從無始以來，你已是因自力而至今尚不了解，所以還在輪迴中輪轉。你必須了解，是透過研讀與修習，我們才能領悟空性，此見地是與密續、論述與直指口

傳的教導相符合。

再者，無論你對空性的了悟是經過極大艱辛的學習與修行，或是不費吹灰之力即可證知，兩者沒有區別。就像有人千辛萬苦找到金子，和在床邊撿到金子，金子的品質都是一樣的。

我們都需要聞思修，我們也需要口傳。我們應該從一位有傳承與能傳授直指口傳的上師處得到口耳傳承。擁有如此助益的狀況與條件，經過訓練以及淨化的修法等，我們會了悟空性。一旦我們了悟空性時，不管你是很用功或輕而易舉的證到，結果都是一樣，是同樣的了悟。我認為在這個時代，幾乎每一個行者都要經歷艱苦才會了悟空性。甚至我們的上師釋迦牟尼佛，連祂都經受六年不斷的大艱辛才證得空性。除非你在過去世已曾經歷此，也就是說，你目前已在此修行道途的最終點，你享有過去多生多世累積的功德與淨化業障，否則的話，你就必須經過漫長的修行來消除已建立的迷惑。

我們每一個人都希望自己就是在床邊撿到金子的人；毫無疑問，我們都希望不要經歷艱辛努力就證悟空性。但我們必須對自己的生命作進一步的審視，直到目前為止我們做了些什麼，例如，我們犯了多少惡業、我們的性命會有多長等等。以這種實際的觀察來鑑定我們在修行道上還需要花費多少努力與

經歷多少艱苦。

(c) 促進覺悟的般若智，集中在此般若智的分類與相互關連這
些要點上。

　　『能識別的般若智』（妙觀察智）是指經過詳察分析後對一
切顯相爲空性達到確認。『了悟無我的般若智』（無我觀察智）
是指接下來對輪迴涅槃是無上空性達到持續的確信。要點是，
當這兩種般若智在心念中生起時，最初生起的是了悟，隨後是
親身體驗，最後是得到不動搖的確信。
　　你也許會説：『認爲此身等等只能被指證爲顯相而已，是
不合理的；因爲一個了悟空性的人還是會感覺到火或水，而且
被箭、矛或棍等等攻擊時會感到疼痛。』只要你還沒有達到
『法性遍盡』的境界，二元分別顯相仍沒有退失；只要它們還
沒有退失，損益的顯相仍會不斷地現起。實在的説，即使地獄
之火也無法焚燒你。」説完後，他就消失了。

　　即使有這兩種智慧，還是不夠；般若智猶待培養與增進。
從開始培養這兩種智慧到對它們有所了解時，事實上是對空
性、顯相的空性與人無我的某種領悟；因爲對空性滲透輪迴與
涅槃有確認。開始的第一步是領悟，第二步是體驗，第三步是

完全的確信；這種深度的確信是永遠都不會改變。

　　就算我們認定顯相爲空的、身體只是現象而沒有眞實的自性，我們還是會感受到被打、被燒、被刺等，還會有樂與苦的感覺。這些感受會一直存在直到我們證到法性遍盡的程度，也就是一切法融入法性。就在此刻二元相對化入空性，便再也沒有二元相對。在此之前，二元的最微細相還存在，所以覺受也還存在；這是說利益與傷害的現象還會繼續直到二元相對不再存在。當你證到法性時，甚至連地獄的火都燒不到你；因爲身體只是一個顯相，一個投射，一點眞實的實存都沒有。但是佛經裡提到在地獄有很大的苦痛，被火燒、被武器刺傷、折磨等；即使如此，經歷折騰的身體還是沒有被毀傷或危害。你昨天晚上的夢也是一樣；在夢裡，你可以被人射傷，但早上醒來時一點事也沒有。

　　至於「法性遍盡」，這是大圓滿最高修法「頓超」的第四個光景。第一個光景「現見法性」是直接見到法性，這是直見輪迴涅槃的基礎本性爲空性。然後再繼續修持下去，空性會一直增加，淨覺（本明）的品質也同時增長，你會赤裸地看到淨覺（本明）；這是與見地之確信有關，這就是第二個光景。第三個光景是當這個到達極限，你無疑地徹底證到自己眞如本性。一旦第三個光景出現時，你就進入輪迴的窮盡；所有相對的現象化入法性，再也不會有一般的看法。在這第四個光景，

你只會看到法性。因為二元相對的覺識已不存在，也就是說，你會體驗到主、客與行為的一味，這三者間不會再有分別。雖然業力還在，相對境還在，但有這個證悟的人只會感受到一味；二元相對不再存在他的心中。

　　蓮花生大士曾說過一句很有名的話：「雖然我的見地是與無限虛空等同，然而我還是注意因果業力不變的定律就像仔細計數沙粒般。」他是在說，直到所有世俗真理（世俗諦）融入法性，因果就還是存在。只要二元相對之相還存在，就會有業力。只要我們還沒有達到證覺成為佛，我們就尚未超越業力。所以不要以為一旦能確定見地就沒有了業果。

　　所以我們必須經過身語意來累積善業。在小乘的修法裡，我們需要盡力持守別解脫戒。在大乘修法裡，我們要盡力修六度以培養對所有眾生的利他發心。在金剛乘裡，我們需要修習生起次第與圓滿次第、培養信心與淨觀。我們應該如此積聚地從事這些修法，不要抱有不喜歡這些儀軌的態度；我們還沒有放下妄念與散漫思維，因此不要自認高過這個程度。不是西藏人愛好儀軌，所以他們把佛法弄成一個著重儀軌的修行。這些修法是用相對界最強力與最有潛力的方式來帶領我們實證法性並得到解脫。我們是為了這個目標才修這些法門。這些法正是我們所需要的，我們不應該漠視它們。

　　假如你不了解這些法，你對這些法覺得陌生，就很自然會

傾向不喜歡它。我也有這個毛病，假如我不了解某樣事物，我為什麼要去做？但這種反應不是一個好的品質。說「我不喜歡這個儀軌」只是一個藉口，因為主要的理由是我並不知道如何去做。我不想承認「我不會」，所以就說「我不喜歡」。因為我覺得自己是如此重要，但實際上我只是在丟自己的臉，讓自己蒙羞。我有很重的無知，所以我應該一步一步的學習與修持。你們也是一樣。

假如你在學習了解後，還是不喜歡，這就表示你不是一位佛教徒，或者是你並沒有查看自己的毛病，或者是你並不期望解脫。即使你不懂，你也應該要尊敬這些儀式，沒有必要講「我不喜歡它」。「我不喜歡它」表示「我很特別」，所以才會「我喜歡」或「我不喜歡」。我們都有這個毛病，我們必須看到自己的毛病與問題。我們為什麼會有毛病問題？這是五毒的關係，所以應該把藥物倒進那裡面。「我執」與自我中心是導火線，但我們並不知道如何去真正地愛護自己。假如我們真正曉得如何珍惜自己，我們就自然會修行，慢慢斷除五毒；這是該走的路。否則的話，我們會越來越傷害自己，在輪迴中越陷越深，承擔越來越多的苦痛。這顯示出前行法的重要性；在達到「法性遍盡」前，我們不但要修前行法，我們還需要不斷地注意因果業力的定律，我們也需要記住四聖諦等。假如我們覺得自己不必修這些法，這就顯示我們還未得到解脫。在達到頓

超的第四個階段前，絕對不可以放棄這些修法。

　　前面提到，即使一個行者已經證悟「人無我」和「法無我」，他還是會有樂苦的經驗。不管他的見地有多高，業力還是存在。這個表示前行法的重要性，因為直到我們達到頓超的第四個光景，也就是法性遍盡或現證法性時，我們須要前行法和四聖諦等等，我們須要不停地注意因果的無誤定律。如果我們覺得自己不須要注意這些的話，就表示我們還沒有證悟。我們絕對要維持這些基礎修法，一直到法性遍盡。在法性遍盡時，對世間真理（世俗諦）的覺察不再存在，也就是說，行者體驗主、客和行動這三者為一體。他們不再是有區別的，這就是為什麼我們在那個時候可以不須要在乎因果。雖然業力還在，世間真理還在，但是在這個實證法性的行者心中，他卻只會看到法性，二元相對的觀點不再存在。

譯註

❶龍欽巴尊者，又稱為龍欽繞絳巴，又名智美沃色（Drimed Odzer），義譯為無垢光尊者，被稱為貢欽（藏語：Kun-mkhyen），意為全知者、具一切智者。因為他在桑耶寺出家，因此也稱為貢欽桑耶巴。桑耶巴，意思為來自桑耶寺的上師。龍欽饒絳巴（藏語：klong-chen-Rab-abyams），意為大博士、修學廣大者。桑結尼巴，意為第二佛陀。貢欽曲吉傑波，意為全知大法王。智美沃色，智美是無垢、清淨，沃色為光明，因此義譯為無垢光尊者。

他被尊稱為繼蓮花生大士後的第二佛，是寧瑪派的法王，深受西藏四大教派的尊崇。宗喀巴大師、薩迦班智達和龍欽巴尊者，以西藏文殊師利應化住世度生而名聞遐爾。他們皆是文殊師利身語意的化身。由於他們在顯密經典上的博學多聞和無上智慧，他們是西藏悠久宗教歷史上最傑出的大師，特別是龍欽巴尊者，實際上已經證悟普賢王如來的法身，為了救度所有眾生而應化於世。預言說，著名的印度無垢友大師和寂天大師，每隔百餘年就在西藏應化一次，龍欽巴尊者即是這兩位大師所應化。

龍欽巴尊者自小即能憶念前生，悲智俱足。五歲時，開始學習讀誦書寫的啟蒙教育，並從父親受聞密法，了解醫藥曆書等學問；十二歲，進入蓮花生大士首創的桑耶寺出家，研習佛法戒律；十四歲起參學專門講經的寺院，學習新舊派教理，並修行密法，得甚居禪定。在擔任桑耶寺住持數年後，即隱居深山專事修行和著述。主要著述有《四心滴》、《龍欽七寶藏》、《三自解脫論》、《三自休息論》。廣傳於世的《龍欽心髓》（Longchen Nyingthig，龍欽寧體、廣大心要）並非龍欽巴的著作，而是吉美林巴（無畏州，Rigdzin Jigme Lingpa，1729-1798）於龍欽巴處取出的伏藏。（節錄自葛光明先生翻譯提供的中文初稿《藏傳佛教的寧瑪學派》）

6
對損益●的缺失提出質疑

薩拉哈大師顯化教導

c) 對損益（即損害得益）的缺失提出質疑，有三點：(1) 把損益執認為有特徵的思維，辨認這些思維的起因；(2) 以損益顯現的對象，觀察它們的本性；(3) 說明如此覺悟的重要性。

(1) 把損益執認為有特徵的思維，辨認這些思維的起因。

在另一個時候，我在光明境中見到大成就者薩拉哈（Saraha）大師 ❷。我向他求教：「啊，大成就主，如何淨化蒙蔽（蓋障）？如何修習本尊？如何解脫魔軍和障礙？請賜予教誨。」

他給予以下的開示：「上士，你必須對損益的缺失提出質疑。所謂的『蒙蔽』（蓋障）是指對空性的基礎本質沒有了悟，這即是『蒙蔽』或『無明』；當此蒙蔽根深柢固時，這就是『習氣』。這是無法以身口善行的一般精進努力來淨化。藉由『能鑑別的般若智』，當法性被確認時，蒙蔽自然被淨化。

在西藏，很多有智慧的老喇嘛時常說，唸誦咒語與禱文或者做大禮拜時，心散漫到別處，是一點益處也沒有，這不是佛法修行，無法成就要點。這只是讓你的身體或語言忙碌而已。不管我們在修什麼法，重點是要以心意來修，以非常明確的專

注力集中在所修之法上，並同時維持對本性的覺知。例如，如果我們觀想觀世音爲本尊，我們唸誦「嗡瑪尼唄美吽」，並同時維持對本性的覺知，以及我們所修的法的了義。假如我們只是修禪定而不唸禱文或咒語，而我們是以散漫的心思來禪定，我們的心到處游蕩，我們的心便是完全失控，這算是什麼禪修？除了把你的身體搞得累得不得了，你還會感到很辛苦。這就是爲什麼在身語意中，心意是最重要的。佛法修行是爲了降伏自心，這也指出靜慮的重要性，因爲如果心是降伏與平靜的話，身體與語言在做什麼，都不是那麼重要。所以我們要記住這點，藉著「能鑑別的般若智」來確立眞如本性的見地，蒙蔽就能被淨化。

(2) 以損益顯現的對象，觀察它們的本性，有兩點：(a) 檢視會在未來世以損益現象顯現的善行與惡行；(b) 觀察在此生以損益顯現的鬼神。

(a) 檢視會在未來世以損益現象顯現的善行與惡行，有兩點：(i) 檢視的方式；(ii) 須要檢視的理由。

(i) 檢視的方式。

　　那麼，所有善行和善語歸於何處？儲藏處是在哪裡？在你
檢查分析它們的來源、所在地、最終去處時，細想假如它們沒
有任何的實質所在處且不是實有的，那如何利益？當你檢視空
的心性是在哪兒受益，外、內、中間、上或下，你會確知這些
善業沒有實質所在處且不是實有的，同時你也會確知它們只是
在累積輪迴的功德而已。同樣的，這一堆惡行積聚在何處？儲
藏地在何處？檢視它們如何傷害心空性的外、內、中間、上或
下？

　　那些目前勤於善行善語、或是此身致力於從事惡行的人，
假如你詳盡檢視這兩種人的心識，針對貪愛和厭憎、希望和憂
慮的不斷引生上，兩者並無微塵之差別。

　　這樣說來，認爲快樂是從益處而來、苦痛是從失望與傷害
而來的想法就不成立。如果希望與失望都不存在，心如何去感
受與覺察希望與失望，誰是覺察者？

　　解脫也是心性的解脫才爲解脫，迷惑也是因爲他們心識迷
惑才會執迷不悟。但是由於以上兩種人的心識皆未得解脫，他
們在輪迴中飄蕩狀態是毫無不同。因此，雖然在短期間，善行
和惡行分別會產生短暫的快樂和苦痛，兩者只不過是在延長輪
迴。

<u>(ii) 須要檢視的理由。</u>

　　如果你尚未對善行有此確認，針對解脫之道和累積短暫功德的善行，你會對這兩樣混爲一談；所以你不會達到遍智的果位。如果你對惡行沒有此確認，你不會了解到，對自性的本質沒有了悟（無明）就是『蒙蔽』和『迷惑的根基』，而且你也無法指出迷惑的起因。這樣你會無盡地在輪迴中迷惑，你必須了解，重點是對此達到確認。

　　這就是爲什麼當我們開始累積功德的時候，我們必須對見地已有確認，我們必須在心中明確地保持見地。藉著這個見地和純淨的發心，我們才開始以身語來行善。只有這樣，這些善行才會成就遍智的道。否則的話，這只是累積轉世到較高輪迴的功德而已。因此，當我們以聞思修來累積功德時，我們一定要有見地。假如我們沒有見地，我們非常可能會有其他的動機，也許是世間八法之一，那麼得來的果也只會是短暫的。

　　在西藏，父母很疼愛孩子，他們鼓勵小孩去增加自己的執愛、厭惡與無明；雖然他們的出發點是好意，因爲他們很愛自己的孩子，但由於他們沒有正確的見地，他們實際上是在鼓勵孩子從事惡業。也許他們會得到短暫的快樂，但長期下來，他們已使得這些習性變得很頑強。不過，我們從一生下來就已帶

來一些執愛、厭惡與妄念，所以是很容易養成這些習性。在美國，很多學生告訴我，他們的父母反對他們修學佛法；這不是出自壞心眼，而是因為無知，主要是因為他們認為是在愛護自己的孩子。

(b) 觀察在此生以損益顯現的鬼神，有兩點：(i) 檢視的實際方式；(ii) 假相體驗為迷惑顯相的教導。

(i) 檢視的實際方式。

再者，在檢視所謂『助益的庇護神眾』，他們的源起、所在處和最終去處，他們並沒有任何的實質所在處且不是實有的。他們是在哪一個感官顯現的色、聲、香、味、觸覺對象中形成？如果你覺得他們是在組成情器世間的某一個元素中，檢視這些元素，把它們分解至塵與極微塵。也同時各別檢視這些元素的名稱和變得實有的方式。

藉著仔細檢視這些善神們如何能助益，惡魔們如何能傷害，你將會了解他們沒有任何的實質所在處，而且不是實有。所有樂和苦都是如夢般顯化的心中感受；這些歸因於神與魔的『助益』或『傷害』本身不過是名稱而已，而名稱無法帶來任何利益或損害。

　　如果你認為惡魔已對你造成傷害，檢視這個僅是名稱的『惡魔』如何能造成傷害，因為這個名稱並不是色、聲、香、味、觸的感受對象。除了所看到的是空的與沒有任何實質所在處以外，你不會看到任何實有的對象。

　　這就是用來分析與審查並達到「人無我」的同一個方式，在此處，你以這個步驟來認出神祇的實況。到最後，你了解他們並沒有真實存在。這顯示在修生起次第時，不以空性的覺識來鎖定本尊的修持絕對是一個缺失。一個行者在修本尊時，不以三種三摩地來生起本尊的話，就會落入常見的偏見極端，認為本尊是一位永恆常存的神祇。

　　三種三摩地的修法是，首先我們需要進入真如的本性中，也就是空性裡。從空性中，第二個三摩地生起，就是所有顯相生起為空性的展現。這兩者的合一，就是第三個三摩地，就是無礙慈悲的品質，以本尊的種子字作代表，種子字是本尊的生命精華，而本尊是從此象徵無礙慈悲的種子字而生起。

　　第一個三摩地是空性，實際上就是智慧之相。然後所有顯相從空性中自發地生起，這個就是慈悲之相。這兩者的合一，也就是智慧與慈悲的無分無別或無二，是智慧與大樂的無礙呈現；這是以種子字的生起為源起，本尊是從此誕生。本尊是三身的自顯，就是這樣。也就是說，報身是從法身而來，然後從

法身與報身的無二合一，化身現起。化身是以願力化現之身，可以平息、增益、懷攝或憤怒之相而生起；因為這都是無礙慈悲之相，所以基本上是本質、本性與無礙的展現。

我們以同樣的方法來審查魔存在的真實性，結果是一樣，他們也都沒有真實的存在。如果我們可以去除神與魔能幫助與傷害我們的這種觀念，我們就接近真相。因為一切的現象，不管是幸福、快樂、痛苦或不滿，都像夢一樣，皆沒有任何的基礎或根據，而且是幻化的本性。

(ii) 體驗假相為迷惑顯相的教導。

人們在迷惑的影響下，執認自身的上半部是好的、下半部是不好的。似乎上半身是乾淨像神一樣，而下半身是污穢如魔一般。因此，希望和憂慮不斷產生，而且藉著與『我執』的緊密聯繫之力，樂苦的體驗會不斷生起。這一切不過是輪迴的內心感受，連一微塵的真實存在為它物也沒有。這個可以經由夢的比喻來顯示。

我們不但執著於一個「我」，並同時攀緣於一個客體存在的顯相，認為可以帶給我們快樂與痛苦。這個不停輪轉的經驗就是娑婆，這個就是輪迴的意思。

回想昨天晚上的夢，在夢中可能有好或壞的狀況發生，但並沒有任何的根據與眞實性。夢裡的環境、經驗等等都沒有任何根基。一旦我們醒來，我們就曉得那只是一場夢，只是我們心識的投射，一點眞實存在都沒有。因此，我們一定要了悟我們所認爲如此實存的現象與經驗，都只是迷惑妄念的經驗而已。如果我們能跳出這個迷惑，就是了斷障礙與阻擋之力的方式。

(3) 說明如此覺悟的重要性。

重點是對空性要有了解，這可去除禪定上的障礙。禪定裡因爲缺乏信念與確信而帶來的障礙會被去除；你會對法性的眞意信服，而且會達到不會生疑的深固確信。去除無明之蒙障，你會掌握本覺的偉大豐富展現。

如果你有確信，不在禪定時跟隨自己的思維與心智，而是對覺識的原本自性，也就是對法性，眞如本性，實相有確信，你不需要花費太大的努力，就可擁有對見地的堅信。這是達到對見地不會退轉的成就。在此時，本覺（本明）會不斷地現前。

　　這也是修降伏『息結（Zhijed）』派系和修斷魔『覺幽（Dudkyi Chodyul）』派系甚深法門的基礎。除了自己的本覺外，不要去尋找其他神祇。你會認清魔不外是妄念而已。在所有儀軌修法和消災儀式中，這個了解是必不可少的。如果你有此了解，你絕對是一個了悟一切現象如幻影的偉大瑜伽士。

　　假如你閉關修習本尊的近修持咒（Approaching recitation）或者替別人修薈供等等時，沒有照著剛剛所提到的要點來修習的話，你不會達到所期望的結果。

　　啊，有本覺的孩子，不再有一般凡俗心了，以此教化徒眾，他們全會成為至上真密乘的瑜伽行者。

　　說完後，他就消失了。

　　也許你們之中有些人會誤會此處所談到的。請不要以為這些法是在傳授因果非實，因為並不是這麼一回事。這兒是在講輪迴涅槃的觀念是被散漫思維所創造的，是因為未了悟本性而生起。假如你認為因果不存在，所以你不需要遵守相對境的定律，你就掉入虛無主義的邊見（斷見）。

　　假如你細看這個教導的進展，你會看到敦珠林巴明光之境的內容與品質越來越卓越崇高。它們並不是攪和在一起。它們

是在淨見境裡以清晰明確的漸進階次來揭示見地。這是他以善巧方便帶領我們往道上去。我們知道，我也提到過，敦珠林巴是一位已經證得覺悟的大圓滿大師，他是以這個解說方法來一步一步地引導弟子去建立正確的見地。

　　當你聽聞佛法時，你應該清楚的寫下被傳授的法，不要擔心浪費紙張。你不應該把自己的想法加到所聽到的法裡，然後把它們混雜在一起地修行，這樣會製造障礙錯誤。

譯註

❶薩拉哈是印度密法成就者，也是敦珠林巴的前世。

❷有關損益（benefitial and harmful）的觀念，是因為在相對世界，一切善行會導致未來世的利益，惡行會導致損害。今世的神鬼會帶來好運和壞運，這些究竟實相都只是幻相非實，是心的二元分別導致的損益觀念，終究無法超越輪迴。如同下面解釋的「所有樂和苦都是如夢般顯化的心中感受；這些歸因於神與魔的『助益』或『傷害』本身不過是名稱而已，而名稱無法帶來任何利益或損害」。上師要我們檢視並發現實際上沒有真實存在的傷害助益，一切都是心識的分別妄念引起的。

7

瓦解希望與憂慮的虛僞岩洞

吉祥金剛手顯化教導

d) 瓦解希望與憂慮的虛僞岩洞，有三點：(1) 瓦解希望佛與其淨土爲眞實存在的虛僞岩洞；(2) 瓦解憂慮輪迴各界與其內的樂苦爲眞實存在的虛僞岩洞；(3) 以推崇讚揚詞句解說如此的了悟。

(1) 瓦解希望佛與其淨土爲眞實存在的虛僞岩洞，有三點：(a) 破除視佛與其淨土爲究竟的執認；(b) 針對此，檢視五種感官與其對象，並反駁它們爲眞實存在的虛構營造；(c) 辨認了義佛。

(a) 破除視佛與其淨土爲究竟的執認。

　　另一次，我在純淨明光中見到偉大吉祥金剛手 ❶。那時我問他：「偉大勝者金剛持，所謂的『佛』，一個人是以自力成佛呢？還是須去另一處所得到證覺？」

　　他開示如下：「啊，有善緣男子，你也許認爲所謂的『佛』，是指一位住在某個殊勝、寬廣國度中的君主，有吸引力、祥和、親切、神采奕奕、身上沒有斑痣、長相俊秀，像那類你永遠不會看厭的人。如果是這樣，誰是這個佛的父母？如果他是母親所生，他就會受到『生』的限制；如果他住在某處，則他會受到『常住』的限制；如果他逝滅，則他是受到什

麼都沒有的『虛無』限制。

　　只要起源、住留與逝滅這三樣的本質能被指證爲固定與眞實存在的話，就不會有一個超越兩種極端限制的本性。不管這些顯相是如何顯現，它們好像有生起和逝滅，那麼都只不過是概念的指定而已。

　　簡短地說，既然我們知道本覺的自性，也就是佛性，是未生、不斷、不住在任何地點，而且是免於任何極端限制，如四種或八種極端邊見，我們就必須摒棄這個佛性可能住在別處的觀念。因爲這些顯現的顯相只是概念思維的命名與稱號，最終都是幻象，而且沒有眞正的出生與逝滅。

　　再者，如果你把完全純淨與解脫的，執認爲眞實存在的話，你就是在束縛自己。如果輪迴和涅槃的法性是有顯著的差異，那麼『有寂平等性』或『生死涅槃平等性』的說法，只是空話而已。然而，許多人把涅槃執認爲含有具體特徵（自相），是掉入了希望和憂慮的羅網。有許多不同歡樂享受的淨土，它們的結構是莊嚴廣大的，但如果你把它們視爲擁持具體特徵的實質物體，你仍然是執認現象爲有自性（法我執）。

　　有很多人認爲涅槃是一個我們可以去到的眞實存在的地

方，那裡有永恆的快樂與寧靜；假如他們認爲這些淨土實質存在，好像是一些美好的國土，就像我們看到一張漂亮的桌子一樣，這就是執著於顯相爲有自性（法我執）。這樣，我們是把本來沒有眞實自性的顯相，執認爲實質的事物。

(b) 針對此，檢視五種感官與其對象，並反駁它們爲眞實存在的虛構營造。

　　不管我們如何給予稱號，視『如來佛』爲眞實永存的見地，事實上還沒有超越『人無我』的見地。假如你認爲佛有眼，那麼一定也會有眼的意識。一旦眼識被建立，則顯相以色相生起是免不了的；這是所謂視覺的『對象』或『外境』。一旦這些感官對象建立，不可避免地，凡俗心的微細妄想會不斷出現，促使色相的確立；這是所謂『視覺主觀支柱』和『執著之心』。這個針對意識和對象（主客）二元分別的觀念叫作『凡俗心』，任何具有這種凡俗心的就叫作『有情眾生』。

　　假如佛有肉體的眼睛，他也會有眼睛的意識，一旦有了眼識，就會有向眼識顯現的形狀色相；覺察對象的眼睛就是主人。當主人在覺察到客體的對象時，不可能不會有一個微細執著的心思。一個是執著的心，一個是被執著的對象，這就構成

二元相對。任何有二元相對心念的就是稱作「眾生」。也就是說，佛只是一個眾生。那麼，佛與眾生之間有什麼差別？這一點道理也沒有。

同樣地，假如你認為佛有耳，他就會有耳識連同聽到的聲音。如果你認為佛有鼻子，那麼他也會有鼻識連同能嗅聞到的氣味。如果佛有舌頭，他就會有舌識連同能嚐到的味道。如果佛有身體，他就會有身識連同所接觸的物象。這些是不同的客體對象。促使它們不斷現起的觀念營造就是不同的主觀意識，也就是『凡俗心』。就像剛剛提到的，擁有如此凡俗心的就叫作『有情眾生』。

至於稱為『佛』的，如果佛是未超越意識和對象（主客）的二元分別，那麼佛的勝妙功德品性就可以轉給眾生，就像世俗的品性可以從一人轉給另一個人。

你也許認為諸佛在對其他人說法，但是假如這些上師執認有一個『我』、佛法可被傳出、眾生是佛法的領受者，那麼佛和一般眾生的差別連芝麻豆大的邊也沒有。他們都只是『眾生』！如果你認為佛的特殊品性和優點包括一個快樂的環境、美麗俊秀的相貌、優秀的伴侶、龐大財富的享受和快樂、沒有執愛和瞋怒等等，他還是比一位色界的天神好不到哪裡，仍然是一名眾生。

在三界中，欲界、色界和無色界，我們是在欲界，因為我們有強大的欲望，執著和攀緣。

(c) 辨認了義佛。

在了義方面，你自己基礎本性即是普賢王如來佛，也就是所謂的『三時善逝』。從絕對真理（勝義諦）的角度說，一位佛不會體驗到來到這個世界或說法。許多密續、論述和口傳教導清楚地提到此點，即是從徒眾自心的顯相中，會出現上師傳法的顯相。檢視並了悟這一點。

從世俗境界來說，佛來過、他們有姓名、他們傳過法，現今有佛，將來也會有佛來到這個世界上。從絕對的見地來說，佛從來沒有來過，也從來沒有傳授過佛法。然而，本續、法教、心要口傳與不同的教導，會在不同眾生的心識裡，依據他們的根器程度而被看到。但他們看到的只是自己的顯相，是從他們自己生起的。我們應該以這個角度來看待這些法教。

(2) 瓦解憂慮輪迴各界與其內的樂苦為真實存在的虛偽岩洞。

再者，認為在輪迴中有其他真實存在的境界，而且有許多

眾生一個接一個的去到那些地方並經歷樂和苦，是不合理的。
如果在前一世被我們所依和在死亡時被留下的這個身體是真實
的，那麼在死亡後與再生前的中有境內的身體是從何處得到
的？

假如眾生在死亡時已經捨下了前一世的身體，他在中陰裡
如何得到另一個身體，然後是以這個新的身體去到這個輪迴中
另一個真實存在的地方？

如果現今的眾生只是因手腳的傷害或只受了一天的冬天風
寒而死亡，那麼在地獄中一旦生成能感覺冷熱的身體時，為什
麼即使受到長時間火燒烹煮也不會死亡？同樣地，如果現今我
們會因饑荒持續幾個月甚至幾天就會死亡，為何在餓鬼道的眾
生經歷多劫的長時間饑餓也不會死亡？

因此，所有六道眾生，包括死生之間中有境內的眾生，他
們因執認顯相為真實而迷惑；這些顯相就如夢裡的影像，除了
被指證為顯相以外，全都是性空而非真實存在。

<u>(3) 以推崇讚揚詞句解說如此的了悟。</u>

如果你對迷惑顯相達到如此的確認，了悟它們並非真實

的，是性空的且非眞實存在，你就是把輪迴從根剷除，也就是所謂的『永斷輪迴』。

　　指認輪迴中一切法皆空且無根基，也就是說無法被指證，這個見地其實與我們前面所提到的兩種「無我」是同義的。在目前這個階段，這個見地稱爲「永斷輪迴」，這個大圓滿詞語意指當一個人了悟輪迴的本性是在當下未生、不斷和沒有一點眞實存在。在一個了悟這種見地的人心中，輪迴是性空；當他了悟法身的本性時，輪迴非壞朽，涅槃亦非是美好，涅槃不是另一處所，輪迴也不是一個邪惡之處，他是以一味的了悟來體驗。而且在了悟到法性時，輪迴便不再存在，它從深處被攪動、被根除與趣入空性。。

　　藉著了悟『佛』不過是自己的基礎本性，並在自心裡達到確信，這即是『諸佛自在解脫』。

　　「諸佛自在解脫」是另一個大圓滿詞語。

　　啊，虛空大力主，遍佈金剛，你必須對輪迴涅槃萬法皆空與無自性達到確認。」

說完這話，他就消失了。

我們一定要了解輪迴涅槃所有的一切，但是不要對它們執著或被它們繫縛。清楚地認清這一點，所有顯相皆空，並讓它們處在原位，也就是駐在空性中。

＊　　＊　　＊

問&答

學生問：「請您解釋一下『諸佛自在解脫』。」

上師答：「所有的佛都是以了悟自性來成佛。或者是，你就是所有的佛，因為你了悟這個自性。前面提到我們的基礎本性就是普賢王如來佛，是三時所有佛。」

學生問：「從凡夫境界來說，佛與淨土有存在。但從絕對境界來說，沒有佛或淨土，對嗎？」

上師答：「對的。你自己就是佛、淨土與佛的品性。你的自性，你淨覺（本明或明覺）的本性即是佛、佛土、佛的弟子、一切事物。」

　　你可能想知道，如果我了悟『人無我』與『法無我』，會是怎麼樣？會不會有不一樣的感受與體驗？事實上，剛才當我們唸完蓮花生大士的禱文後，單只是歇在純淨覺識中，這就是『無我』。如果你在上一個思想消失後與下一個思維生起前的間隔裡，能認清這個思維與思維間的剎那，這個看起來好像是空的空間，就是『無我』。假如我們曉得如何去認出它，這個思維的空間是永遠都在的，比我們的日夜過程還要長久。

　　當我們睡覺時，白天的粗糙顯相變得越來越微細，直到我們睡熟，此時我們是無知覺的。然後在業力之風生起帶動起夢境前，我們會進入『普遍基』（阿賴耶）；如果我們了悟它的本性的話，這即是純淨覺識，心的本性。否則的話，這只是無覺知的空白之境，顯相從此生起為迷惑之觀的現象。夢境從此開始，然後夢境的粗糙顯相開始化入微細層次，這又消散直到我們停止作夢。此時在我們清醒前，我們再次進入『普遍基』，這又是超越思維的純淨覺識。然後我們醒來，此時藉著業力之風生起的牽引，我們看到白天現象。我們會把這個顯相視為真實存在，所以迷惑之觀又開始。我們從早到晚都是如此，將來我們死亡時，也是如此，不會不一樣。

　　在死亡時，粗糙元素融入五大元素的微細層次，再融回意識。當最後一口氣吐出後，白紅明點不再分開，這兩種明點在心際中結合，此時意識變得空洞或無覺知。一個沒有受過佛法

訓練的普通人只會體驗到普遍基礎阿賴耶的昏沉。然後從此基礎，因為業力之風，中有過程的現象就開始呈現。但對於一位行者來說，普遍基的經驗即是本性的明光，這不外是法身。如果一個人在此生有好的修行訓練，他能在此時維持這個純淨覺識一段時間。以此，他是在死亡那一刹那得到解脫，這就是認證自性為法身的解脫。中有現象不會生起，因為那是迷惑觀點的現象。沒有中有過程，就不會有導致輪迴的連續不斷的迷惑之流；我們因此得到解脫。這就是為什麼我們目前活著時，還能夠有機緣修行是如此重要，因為我們可以在死亡的一刻從輪迴的束縛中解脫。

在禪修時，試圖維持正確禪修坐姿是非常重要的。最理想是以毗盧遮那七支雙盤的坐法禪坐。但如果你無法雙盤的話，可以單盤或甚至散盤，但身體要挺直。因為如果身體有正確姿勢與挺直，心念自然會平息。

事實上，假如你了悟空性以及成就了『頓超』的第四個觀境『窮盡法性』，你會自然地淨化所有蒙蔽與煩惱。在達到這種境界前，即使你成就了『頓超』的頭三個觀境，你還是在道上。第一個觀境『現見法性』是直接看到空性。第二個觀境『覺受增長』是對法性的增進。第三個觀境是『明體進詣』。只有在第四個觀境時，當所有現象與顯相窮盡法性時，一切都生起為法性時，你會離開道途並得到圓滿正覺。一旦我們到達

這個境界時，我們可說是成就所有的本尊、淨化所有的蒙蔽、在一剎那間降伏所有的魔障與阻礙力；這就是遍智之境。在這個之前，我們必須維持見地，視所有這一切都是從自心生起；本尊即是我們自己的心意、魔也是我們自己的心念。在這個見地裡，兩者是沒有分別的。

甚至釋迦牟尼佛在菩提樹下成佛前，也需要降伏很多的魔障。他必須降伏很多看起來好像是從外來的障礙。但當他了悟它們都只是他自心的展現，雖然在外顯現，但是從內裡生起，而且是他自心的本性時，這些障礙就變成有助益的修行道。以此覺照，他降伏了四種惡魔，因為他們並不是從外來的。」

譯註

❶金剛手又名「祕密主」，梵名班雜巴尼（Vajrapani），藏名恰那多傑，屬金剛部，因手持金剛杵而得名，為大勢至菩薩的忿怒化現，司大能力，亦稱「大力尊」，代表諸佛神通大能。傳說，龍樹菩薩入南天鐵塔內取出的密教聖典，就是金剛手所結集的。金剛手形相亦有多種，最常見者為一面三臂三目，身黑藍色，頭戴五股骷髏冠，髮赤上揚，鬚眉如火，獠牙露齒捲舌，三紅目圓睜，十分怖畏，右手施期剋印，持金剛杵，左手忿怒拳印，持金剛鉤繩當胸，以骨飾與蛇飾為莊嚴，藍緞與虎皮為裙，雙足右屈左伸，威立在蓮花日輪座上，於般若烈焰中安住。修金剛手菩薩法，有無量無邊之不可思議功德。

金剛手為統攝財寶天王（毗沙門）與財神護法等夜叉部之主尊，亦為象頭王、龍王、阿修羅之部尊。與觀音、文殊三尊合為「三族姓尊」。簡言之，金剛手具足威勢權力，制服諸魔外道，消滅地水火風空所生之災難，信眾一切所求善願，無不如願成就。

8

將本始基化入自生唯一原本智

殊勝金剛具力多傑卓絡顯化教導

B. 將本始基化入自生的唯一原本智，有三點：1. 化入的實際方式；2. 解脫與迷惑這兩樣從此顯現的方式；3. 要義的總結。

1. 化入的實際方式。

　　如此，在一段長時間後，我對所有事物均非真實存在達到確認。然而，雖然我了解整個世界和其內的顯相在己方來說是空的，但是好像有很多「空」的分支，而且這些「空」是無作用的。

　　敦珠林巴是在說，雖然他了悟「空性」，也就是「人無我」與「一切法無我」，但是好像有很多空性的列舉，而且空性好像是非善非惡的，這就不太合理。我們很多人在試圖理解自己與它物的空性時，可能都會對空性有這樣的感覺，覺得有很多空性的計數。例如，杯子是空的，桌子是空的，物象是空的，自己是空的，所有顯相是空的，自性是空的。

　　在某一時間，我在光明中見到殊勝金剛具力（多傑卓絡）❶，唱頌「吽之歌」，揭示輪迴涅槃均是空性的展示。

　　多傑卓絡是蓮花生大士的忿怒化身，他以唱頌「吽」的悅

耳之音來揭示空性之戲而聞名。

　　在那時，我說：「啊，至高無上勝尊！雖然我了解輪迴涅槃皆是空性，爲什麼這個空性是沒有益處，也沒有害處？」

　　勝尊回答：「啊，上士，虛空之主，把輪迴涅槃化爲空性，把空性化爲自性，把自性化爲基礎境，把輪迴涅槃化爲基礎境的展現，把輪迴涅槃的總義化爲此基礎自性！

　　海洋中的星光，無非海洋之顯現，整個世界與其內涵即以虛空爲母。藉著這些比喻與例子來了解，輪迴涅槃是法性的展現，而法性的包含與遍佈滲透整個輪迴與涅槃。如此，你會成爲一位證到輪迴涅槃全然圓滿的瑜伽師。」

　　說完這些話，他就消失了。

　　他是在說，輪迴涅槃、希望、失望，這一切的本性都是法性，都是從法性生起。因此，輪迴涅槃的顯相都是這個本質的自我展現，是這個本質的慈悲展現。

譯註

❶忿怒蓮師多傑卓絡（Dorje Drolo）為蓮師八變之一，此乃蓮花生大士的忿怒化現。經典記載其化現的地方為「讓卡這」寒林，為不丹王國附近之地名（門巴都達昌），有很多危害眾生之邪神惡鬼和毀壞佛法製造障礙之眾。而蓮師降服一切邪惡眾生，變現此忿怒本尊。此尊功德，能令地水火風四大之病氣消除，不起妄念，明瞭空性，並將五毒轉成五佛智。能催伏死魔、天魔、煩惱魔、大力鬼神等，並特別降服不信佛法及對佛法作障為害之眾。

據釋尊和蓮師所說，五濁惡世的特點是眾生充滿強烈的貪欲和瞋恚，也正是現今修行人面對的主要障礙；咕嚕多傑卓絡便是轉化這些違緣的變化身。

多傑卓絡是智慧化身，不具實質的身體，呈虹霓身。一面二臂兩腿，身呈深紅色；右手持一支九股金剛杵，左手執著一支由隕石或天鐵製成的神祕短劍普巴。多傑卓絡面目凶猛，長著獠牙，上下咬合，有三隻眼。穿著藏式靴子和羊皮皮飾，披著僧袍，戴著兩只白色海螺耳環，還有頭顱串成的冠環。深紅色的鬈曲頭髮發放著閃爍的火花。雌虎正是蓮師和伊喜‧措嘉的徒弟，她是五部空行之一的泰詩基汀。當蓮師化身成多傑卓絡時，她便隨即化成一只站立在蓮花日月輪上的雌性老虎。觀想男和女魔象徵瞋恚和貪欲，全都在其虎爪之下被踩壓得粉碎無餘。

9

解脫與迷惑顯現的方式

金剛持顯化教導

2. 解脫與迷惑這兩樣從此顯現的方式，有兩點：(a) 簡略教
導；(b) 詳盡解說。

(a) 簡略教導。

　　七年後，在一個清淨夢境中，我遇見了法身上師金剛持 ❶。
那時我問他：「上師啊！世尊，我如何在解脫和全知之道上
得自由，以及我如何會在輪迴的不淨道上迷惑？祈求上師明
示。」

　　經我請求，他賜予下列回答：「上士啊，聽著，佛與眾生
的區別，取決於認知本覺（明）和不認知本覺（無明）。

(b) 詳盡解說，有兩點：(1) 涅槃的勝妙功德自然存在的方式；
(2) 輪迴迷惑顯相驟然形成的方式。

(1) 涅槃的勝妙功德自然存在的方式，有四點：(a) 四身與五原
智是如何在本始基中自然地圓滿完善；(b) 四身與五原智是如
何自然地生起為道；(c) 對此空性沒有了悟的認知是一個無作
用的意識，解說此無作用意識是如何走失誤入歧途；(d) 藉著
分辨般若智和一般心以及心之內涵，來了解覺悟與無覺悟的差
異。

(a) 四身與五原智是如何在本始基中自然地圓滿完善。

　　基礎境，我們的自性，即是原始怙主普賢如來佛，祂擁持四身和五原智。祂的空性本質是法身；祂的明光自性是報身；祂的慈悲自解即是化身；祂的遍佈滲透輪迴和涅槃即是應化身（自性身）。

　　由於所有現象的本質是廣大開闊的，這是『法界體性智』。

　　「法界體性智」是所有法的入門，也就是所有涵義之門。我們是從這個觀點來了解真相。

　　由於心性是明燦且免於任何玷污，這是『大圓鏡智』。輪迴涅槃是純淨平等之展現，這即是『平等性智』。

　　心性的第三個智慧是平等之本性，這是在輪迴與涅槃的純淨平等性中愉悅展現。了悟輪迴與涅槃是同一本性，兩者是絕對地平等並在此平等性中展現。

　　由於遍知淨智是同時無礙地看到所有事物的本質與其顯現的細節，這即是『妙觀察智』。

這是無礙的遍智，是從絕對本性的角度來觀看所有世俗相對境的事物。

由於所有活動都在純淨自解中完成，這即是『成所作智』。

「成所作智」就是成就了自解的行動。

(b) 四身與五原智是如何自然地生起為道。

如此，自生佛果解脫之道即是實證自性為四身與五原智。

現在，他又從另一個角度來解說四身與五原本智。

本覺的體性遍佈虛空，不斷的、沒有對象、完全無阻和開闊、無基和無根；其自性無造作的呈現（遠離戲論）就是法身；其自性自然明燦之相就是報身；原本智慧無礙地顯現之相就是化身；此法報化三身輪迴涅槃的共同基礎之相就是自性身。

此明空心性的原本智慧品性是無礙的慈悲，是沒有限制

的，這個化身是依願而顯現。此法報化三身，是輪迴涅槃的共同基礎，這即是第四身的自性身。他前面的教導要我們把輪迴涅槃的一般性質帶入空性；現在你看到類似的方法帶領我們到達這個要點。在此處，他更詳盡的形容空性的真實品質，四身與五種原本智慧。下面他又用另一個方法來闡明五種原本智慧。

在確認基礎境時，對輪迴涅槃在自然法界中為一味的了悟就是『法界體性智』。空性不是毫無生氣的頑空，而是明燦清澈與不具玷污，像鏡子一樣，任何事物均能生起，所以稱作『大圓鏡智』。『平等性智』即是了知輪迴涅槃在至高空性中皆是平等純淨。能個別觀照到本覺無礙清澈展現的原本智，即是『妙觀察智』。在得到本覺的自力時，活動是在清淨自解中自然完成，這即是『成所作智』。

「成所作智」是指本覺（本明）的自力；當一個人得到了本覺的自由時，他就擁有原本純淨與原本解脫，也就是說，他了悟心性是本來或原來就是完美地純淨與已然解脫。

(c) 對此空性沒有了悟的認知是一個無作用的意識，解說此無作用意識是如何誤入歧途。

　　許多人對此如是自性沒有認知，因此，他們是在一個無法辨別世俗心和本覺的無作用覺識中禪修。外在而言，他們執認所有顯相爲非善非惡和擁有特徵的實質物體。內在而言，他們牢牢地執認身體爲非善非惡、永恆常在和眞實的。

　　這裡所提到的這一點是我們很多人都有的過失，這是很重要的一點，不了悟世俗心與本覺間的差別。這些開示是解說我們心性的品質，如果我們沒有明確地認清自性的話，我們就不會分辨心與純淨覺識。這樣的行者在修行時並沒有了悟「諸法無我（自性）」與「人無我（我無自性）」；雖然他們在禪修，他們是在冷漠中立（非善非惡）的心境中來看外在顯相與自己的身體。

　　雖然他們在這兩者中得到一個穩定的意識，但那只是一個明晰覺照的無礙意識。這只可能帶出推使他們轉生到上二天界的善業，但他們不會達到解脫和遍智之境。因此這是個有缺憾的方法。

　　我在傳這套法的開始，提到有三種體驗：樂、明晰與無概念會在禪修時出現。特別是在體驗明晰或無概念或這兩者時，如果行者對這些經驗有任何絲微的執著，認爲它們是眞實的，

這表示他們是以冷漠中立的態度來持「無我」的見地。沒有確認「無我」的見地，就會執著於這些體驗，因為會有一個覺察者與被覺察的物象。這樣的禪修只會導致投生入兩種比較高的天道的善業而已。這與導致解脫的潛力一點關係也沒有。

　　下面他要解說更多的名詞，這只是用別的名詞來表達同樣的概念。

(d) 藉著分辨般若智和凡俗心以及心之內涵，來了解覺悟與無覺悟的差異。

　　輪迴涅槃裡的所有現象在法性的真如自性中是等同一味，對此實況有如是的認知即是『如所有智』。

　　佛有兩種遍智慧，第一種是「如所有智」，這是認明絕對真理的遍智。了悟所有法都是一味，而一味即是法性或真如本性，住於此本覺中即是「如所有智」。

　　『盡所有智』是指雖然一個人是住在本覺的本質中，全知、全明的覺識是無礙地自生，但不執外境或被對象束縛，就好像水銀落在地上一般。

　　第二種全知智慧「盡所有智」，是認知本覺的本質並同時覺照到相對境中所有的事物。相對境的事物雖然住於絕對本質中，但本覺的所有相是自生與無阻礙的。所以一個人看到本覺的自生爲相對境。本覺，也就是心性，是無礙的，這是說它是自我生起（自生）且不停地表達自己。本覺並不與事物糾纏在一起，這就像水銀落在地上一樣，雖然它在地上滾動，但灰塵並不與水銀混在一起。所以我們可以說，本覺雖然是無礙與自生，但它並不與任何客觀的顯相糾纏在一起。

　　凡俗心（尋常心，一般心，ordinary mind）看待輪迴涅槃爲眞實存在，並執認顯相爲實質物體；這是由於對基礎本性的無明狀態。從該處心念造作引起生滅，並與感官的對象糾纏在一起。這就像是一滴水落到乾地上一樣。

　　本覺就像水銀一樣，而一般心就像水一樣。當水掉到土地上，會與土地混在一起，會被吸收了。二元相對的一般心認爲顯相是實存的，因爲它並沒有確認基礎本性。所以在此無明的心境裡，不但認爲顯相爲眞實存在，並與這些客體的對象搞在一起。心念思維因此生起與逝滅後，又生起與逝滅；是因爲與這些物象有一個相依的糾纏關係而生起。

(2) 輪迴迷惑顯相驟然形成的方式，有三點：(a) 外在五大元素顯相是如何形成；(b) 內裡（意識的）八種集蘊與其對象是如何形成；(c) 以上要點概括。

(a) 外在五大元素顯相是如何形成。

當本初佛的原始心性，此擁有自在與清淨的基礎被無明蒙蔽時，此時基礎與生俱來的明光，也就是四身與五原智，消退爲內在光輝。而它的外放光澤是以五大元素所代表的五色光作以下展現。

現在我們用另一個比較粗糙的比喻來表達這一點，因爲這有一點難理解。天空中的太陽可用來比喻爲「根本基」，這個本來就擁有四身與五種原智的佛性。太陽展現出透明光線與能照亮黑暗的無礙能力，這有一點類似「心性」。當雲層短暫地遮蓋了太陽時，就像太陽消退到雲彩後面；雖然雲層遮蓋了太陽，但太陽還是在雲彩後面，只是我們看不到晴空時的太陽。但雲層遮蓋太陽並非永久，而是偶生與暫時性的狀況，這就像無明一樣。當我們未了悟自心的本質時，我們無法體會到自心的品質，因爲自心被無明蒙蔽與遮蓋。當雲層遮蓋了太陽時，我們會得到雲層影像的後果，例如，雨、冰雹與其他氣候的狀

況，這就像輪迴的創始一樣，會變得越來越複雜。

　　當『法界體性智』被無明蒙蔽遮蓋時，其外在的光彩是以藍光呈現；這就是虛空的微細元素（精華），稱作『空內元素』或『空大』。當此光明被視爲眞實存在並被執著爲實質的，它即生起虛空，這就稱作『空外在元素』、『空次要元素』或『空的不淨顯相』。

　　當『大圓鏡智』被無明蒙蔽遮蓋時，它退居爲內在光輝，外在光彩是以白色光顯現；這是水的微細元素（精華），稱作『水內元素』或『水大』。當此光明被視爲眞實存在並被執著爲實質的，它即生起爲水，這就稱作『水的不淨顯相』或『水次要元素』或『水外在元素』。

　　也就是說，當「大圓鏡智」的內在明光往內退居時，從外在看起來，它是白光，而這白光是以純淨、清晰的水顯現。但是當心意對它執著並把它視爲眞實存在時，它就以非純淨的水大元素出現。

　　當『平等性智』被無明蒙蔽遮蓋時，它退居爲內在光輝，外在光彩是以黃色光顯現；這是地的微細元素（精華），稱作『地內元素』或『地大』。當此光明被視爲眞實存在並被執著

為實質的，它即生起為地，這就稱作『地的不淨顯相』或『地次要元素』或『地外在元素』。

當『妙觀察智』被無明蒙蔽遮蓋時，它退居為內在光輝，外在光彩是以紅色光顯現；這是火的微細元素（精華），稱作『火內元素』或『火大』。當此光明被視為真實存在並被執著為實質的，它即生起為火，這就稱作『火的不淨顯相』或『火次要元素』或『火外在元素』。

當『成所作智』被無明蒙蔽遮蓋時，它退居為內在光輝，外在光彩是以綠色光顯現；這是風的微細元素（精華），稱作『風內元素』或『風大』。當此光明被視為真實存在並被執著為實質的，它即生起為風，這就稱作『風的不淨顯相』或『風次要元素』或『風外在元素』。

這五種根本智，每一個都經歷同樣的步驟演變出五色與五元素，這就變成顯相的投射。

由於這些光彩本來就是從內裡而出，這些不同顏色和五元素的顯相會不斷地展現。

五色與五元素的顯相會不停地生起，是因為這些展現的本性是無礙與無阻的。

(b) 內裡（意識的）八種集蘊與其對象是如何形成。

　　以下是關於從五種迷惑根基生起的展現。當『根本基（基礎境）』被無明蒙蔽遮蓋時，這就是『阿賴耶』。這是一個沒有任何思維或顯相顯現的了無生氣頑空，類似什麼都沒有的空間，就像在深睡或昏倒時一般。陷在此不斷無邊愚癡的本質中，即是無明的特質。

　　這就是五種迷惑的能量生起，或五種心結煩惱的基礎。它們的生起對我們來說是相當熟習的。此明光的燦亮或此能量的強度是在我們內裡，這就是空性的鮮明。當我們獲得灌頂時，特別是被介紹心性時，通常灌頂上師會顯示一個水晶。這個水晶用來代表心性，因為水晶透發鮮明，所以五色光才會從水晶生起；這就像是空性的鮮明。

　　當我們了悟「無我」和確認「立斷」的見地時，我們就可以修「頓超」。「頓超」的修行促使我們看到空性的鮮明。當以不同「頓超」的姿勢來修此法時，我們的肉眼會看到這些明光的外在展現，是以明點和微細圓形光球等顯現在虛空中。當我們持續往下修，我們實際上會看到四身與五種原本智在自身外顯現，我們會越來越認清這些外在展現的本性。這就是為什麼「頓超」是達到全知的道上最殊勝的修法，因為「頓超」是

唯一的修法，讓我們從本覺中看到佛性。

　　不管如何，我們需要清楚了解這些四身與五原本智是在我們的內裡，是我們的心性；但它們並非全都擁擠在一處。它們是心性，同時是亮麗鮮明，而且它們在自己身外展現。但是當我們因爲無明的影響而看不到它們的本性時，我們會誤認它們的顯現，此時，它們會被我們體驗爲迷惑的情緒；這就是爲什麼我們會有這些迷惑情緒。事實上，它們是五原本智的展現。

　　無明的基礎是阿賴耶或稱爲普遍的「根本基」。這個普遍的「根本基」與本覺的原始純淨的遍佈基礎不一樣。此「根本基」的阿賴耶的基礎是無明，是蒙蔽心境的根基，這就是二元相對的世俗心。它像虛空一樣地空洞，沒有任何思維與現象。很多禪修者住留在此境界中，不會有任何品質從此空無之境中生起，所以這是一個缺點。如果你把這個境界執著爲眞實的經驗時，它無法導致解脫。例如，這有點像暈倒或沒有夢的深睡一樣。如果你暈倒，你只是不省人事與沒有任何的知覺，你不會有任何的散漫思維。也許你會問：「上師不是有提到，當前一個思想結束時與下一個思想生起前，有一個什麼都沒有的間隔會現前。這是不是與目前所提到的空無境界一樣？」不一樣的，因爲住留在目前談到的「阿賴耶」裡，是停歇在無明裡。

　　從此境中，這一劫的業力之風開始推動，這就是妒嫉的本性。這個作用導致明晰之相從此頑空裡現起爲『阿賴耶識』（kun gzhi'i rnam shes），這就是處在瞋恨的本性中。從此會浮現微細的『人我』相，一旦對這個『我』有執認時，『染污意』（nyon yid）就會生起，這就是處在（我）慢的本性中。『意』（yid）從此生起，帶出明晰之相而且是顯相能從基礎頑空裡生起的潛力，這就是處在貪執的本性中。這五種本性的外在展現全是從內在光輝生起。這些五毒的本性就像是火，煩惱染污的思維就像火花火星。如此，在『阿賴耶』與『意』平等普及的空明之相裡，顯相不斷地以對象生起。有潛力可生起一切的阿賴耶即是『因』，業力風的推動即是『緣』。藉著『因緣』這兩個的會合，無數形象（色）會生起；它們現起的方式是：依賴基礎而生起，並且不外是基礎自己。形象以對象生起之處，也就是『對境』，俗稱『眼識』。顯相所現之處，也就是『對境』，類似海洋；以形象顯現之相，也就是『所取境』，類似海洋中的星光。此外，當主觀的微細意識命名這些形象、給予它們涵義並視它們爲實質物體時，概念營造與妄念會帶動起三種視覺感受，樂、苦、非樂非苦的中性感受，這即是『執著視覺的主觀心』。

　　當我們談到形色的顯相最初生起時，其形成可比作汪洋的

顯相。個別形色的顯相可比作汪洋中的星星，這可稱作「執著」，即是二元相對的兩個名稱「執著」與「攀緣」之一。當意識的微細面，也就是這個有執著的心，稱呼這個形色並把它視為實質存在的事物時，心會因為這個物象而感受到不同的樂與苦，這可稱作「攀緣」。因此，我們會有執著的心與攀緣的心。藉著對感官對象而生起的這兩種心境，我們會有不同感官體驗，如眼視、耳聞等等。

同樣的，『對境』或『耳識』也是指音聲不斷生起之處。『所取境』指顯相以可被聽到的音聲而顯現。『執著聽覺的主觀心』是指導致三種聽覺感受生起的意識。如上所述，這兒也有『因、緣』的相依關係（緣起）。同樣的，『鼻識』是指顯相以氣味顯現。『舌識』是指顯相以味道顯現。『身識』是指顯相以觸覺顯現。雖然我們是以普通俗語稱呼（眼識、耳識等等），但意識並不是真正從這些個別的門竅顯現；我們可從夢中與中有境內的顯相看到這個實況。

這一切的經驗，不管是在白天、夢境或中有過程裡都是一樣的，都是對顯相的迷惑認知。雖然不同的感官意識會有不同的感受，但都是同一個經驗，因為它們是從同一個源頭而來的。

(c) 以上要點總結。

　　一些人聲稱顯相是凡俗心，他們認爲一切顯相事實上是從自心生起的散漫思維，所以只是他們的自心；但不是這樣的。因爲顯相一旦現起後會改變、停息與逝去，這些過程會一直持續下去。『凡俗心』沒有這些轉變流逝的性質，否則它自己就會變得不存在。

　　如此，經由顯相向八識順次地顯現，輪迴全盤地生起。把這個過程追溯回到阿賴耶識，這也不過是輪迴的頂峰。

　　持續不斷的八種意識的顯相與它們的感官基礎八處，即是輪迴生起的根源，但這一切都回到普遍基的阿賴耶識；輪迴是從此開始。

3. 要義的總結

　　如此，輪迴與涅槃內所有可能顯現的顯相，不外乎是從『自性的基礎』生起並與其一味。例如，雖然在汪洋中有無數的星系與行星反映，但實際上它們與汪洋的水是一味的。應該如此了解萬象。一切顯相都被證明爲自我顯現的顯相，金剛持的祕密口傳教導就是這一點。」說完後，他就消失了。

　　即使就「無明」而論，所有輪迴與涅槃顯現的事物，是從自我生起，不是從任何其他源頭而起。它們是與根基一味，不能說是不一樣或有區別的。所有的顯相都是自己本性的顯相。

　　我們被指出通到對岸的這座橋和對岸大概是什麼樣子，但是我們還沒有真正被教導如何通過這座橋。或者是我們被指出一條船和對岸大概有什麼，但是如果我們不知道如何上這條船，我們就無法渡船到彼岸。雖然你們有一些人曉得如何上這條船，但是有一些人並不曉得如何上這條船。

　　談到坐姿，當你在禪修時，最好是持正確的禪修坐姿，這是非常重要的。毗盧遮那七支坐姿是所有行者成佛時所持的姿勢。因為這是所有過去諸佛菩薩們的坐姿，所以持這個坐姿會有加持力，因此我們應該盡力去維持這個坐法。據說如果你有吉祥的功德能持這個正確坐姿，了悟會很容易在你的心中生起。

　　這個坐姿的第一點是雙腿盤成蓮花坐姿。這會導致左右二脈的業力風息導入中脈，結果是嫉妒的不淨業力風息會自然平息，嫉妒的情緒也會平息。如果你無法以雙盤而坐，就應該持半蓮花坐姿，這樣障礙無法傷害。

　　你的雙手應該結禪定印，也就是雙手自然垂下至肚臍下四指寬的位置，右手放在左手之上，左右大指拇尖輕碰著；這個姿勢會降伏憤怒的情緒。

　　背脊挺直，雙肩微向後，這會使得脊椎垂直；這會平息無明妄念的業力風息。

　　下巴稍微往內，這會平息欲望貪執的風息。

　　雙眼不應大張，也不應是閉著，應該是微張、自然地望向鼻尖。舌尖應該微觸上顎。這也會導致氣息進入中脈，而且被平息的是慢心。

　　一旦你從事這個坐姿，業力風息會自然相繼地被導入中脈，這樣在你開始正式禪修前，障礙已被平息；所以應該先持此坐姿才開始禪修。另外，不要向前、後、左或右傾斜，否則會有障礙。我們目前不會深入談這些其他的障礙，重點是要以上面提到的幾點來持正確坐姿；如果你坐姿是對的話，你就會體驗到這個姿勢的益處。

　　我們都是初學者，應該回到這個教導的初始，也就是試圖尋找身、語、意哪一樣最重要。假如我們仔細檢視，我們也許會下結論，是心意最重要。然後，我們應該依據所教導的來審察「心」的特徵是什麼；既然心是最重要，你一定要查看「心」是不是真實存在的。你一定要自己親自達到結論，不能懶惰。

　　如果「心」是存在的，你應該試著尋找它的形狀、顏色、特徵、是否有很多個「心」，還是只有幾個「心」。你必須依據這些法所教導的方式深入去查看，「心」是從哪裡來的、住

在哪裡和到哪裡去？不要自以為很聰明，認為自己什麼都懂，因此覺得不須要從事這一類的分析與審查。我有一些年代比較久的弟子，相當自作聰明，但是到目前為止，他們並沒有什麼進步，只是輕微地觸碰到心結煩惱而已。這樣的話，五毒越來越深，這樣的修行有什麼利益？這只是在浪費自己的時間、浪費自己的錢，也浪費了我的時間與我的能量。

譯註

❶金剛持（Vajradhara）

　　金剛持（藏文：多傑羌，Dorje Chang）表本初佛，代表證悟圓滿覺性究竟的本質。身體深藍，頭戴五佛冠，相好莊嚴，天衣、珠寶、纓絡作為身飾，右手持金剛杵，左手持金剛鈴，雙手交叉於胸前，結雙跏趺，安住於獅子寶座上的蓮花月輪上，是噶舉傳承之源，代表本初佛，也就是諸佛的精要。為了建立噶舉傳承，金剛持顯現於印度偉大的上師帝洛巴面前以傳遞法教。

　　金剛持象徵完全證悟的佛陀，身如同蔚藍的天空，象徵證悟之心的遼闊與無限，名之為法身。纓絡寶冠等裝飾，象徵覺醒之心透澈清明的顯化，名之為報身。手持金剛杵表慈悲善巧方便，金剛鈴表空性智慧，雙手交叉象徵悲智雙運，亦意味本尊金剛持之本質純淨，也譬喻密乘甚深教義，正如金剛石般，清澈堅利不朽。三身雖以不同方式描述，但是佛的三身對證悟者卻是合而為一的，此合而為一的三身，代表每一個眾生的佛性。

10

輪迴涅槃包含在無間斷、
離於極端偏見的普遍眞理中

持明吽伽羅尊者顯化教導

C.輪迴涅槃都包含在無間斷、離於極端偏見的普遍眞理中，有兩點：1.針對（輪涅）顯現的相，解說顯相無非是如幻顯現；2.針對（輪涅）性空的相，顯示自性是無實存在。

1.針對（它們）顯現的相，解說顯相無非是如幻顯現。

　　過了一段時間，我在光境中見到偉大持明吽伽羅（Humkara）❶。我問他：「這個顯相的展示是怎麼一回事？」

　　他回答：「啊，上士，五感官（根）竅門意識（五識）就像虛空一般，任何事物可從它生起。妄念構思就像魔術物質與咒語。當這兩者同時具備時，顯相的陳列就如幻象般地顯現。使得這場魔戲延續與蔓延下去的『意識』即是這場戲的觀眾。

　　這樣說來，所有供養與布施的物質就像幻術的物質。在幻化瑜伽法門裡，淨化咒語是用來把這些物質化入空性；然後增進咒語使得無限妙欲顯相呈現出來，繼之變成使得供養與布施領受者欣喜的六種感官對象。

　　淨化的咒語是：「嗡 梭巴哇 修多 薩爾哇 達爾瑪 梭巴哇 修多 吭」。你唸誦這個咒語，把供養物質轉化爲空性；供物本來就是幻化的，然後它們化入空性。然後你唸誦：「嗡啊吽 嗡啊吽 嗡啊吽」，把供物增加至無限量。然後感官享用的各種

美好物象無窮無限地顯現，就像普賢王如來佛雲般供養。這是
我們在生起次第裡修持的方法。我們以如此的觀想來供養。這
即是幻化瑜伽。

　　再者，藉著從事幻化瑜伽，眾生就如幻象，安立外境就如
一座尋香城，從事解脫與引導他人的轉化觀想就如轉夢一樣；
一位行者因此可以掌握至高幻化瑜伽法。

　　夢可以是非常清晰的，但它依然是夢，而且是幻化的。一
個人如果精通幻化瑜伽，也就是生起次第，他實際上能夠藉著
幻化瑜伽法的強大力道來引導與解脫眾生。這就是一位有能力
的上師如何可以導引一位眾生的心到一個更高的境界去。

2. 針對（輪涅）性空的相，顯示自性無實有，分為兩點：a) 精
簡地解釋（一切現象）是如何包含在唯一法性裡；b) 詳盡講
解並清楚顯示此普遍真理的多重展現。

a) 精簡地解釋（一切現象）是如何包含在唯一法性裡。

　　不管湖水反映多少行星與星系，它們都是包含在水中。不
管有多少情器世間，他們都是包含在唯一虛空中。不管輪迴涅

槃的顯相有多廣與多少，他們都是包含在唯一心性中。

b) 詳盡講解並清楚顯示此普遍眞理的分類，有三點：(1) 本質是超越利害損益之相；(2) 本性是離於八邊戲論；(3) 本體是三解脫門。

(1) 本質是超越利害損益之相。

　　稱爲如來藏的心性是普遍地免於過失的染污。例如，即使把整個虛空佈滿佛眾，但是祂們原本智慧的勝妙功德普遍地無法利益任何對象。雖然有等天眾生，他們每一個都有獨立存在的心流，但普遍地沒有任何對象可被傷害。

　　無論有多少佛菩薩，無論祂們可以布施給多少眾生，祂們都是與本覺或本明同一體性；不管有多少眾生顯現，他們也是與本覺同一體性。雖然看起來是個別不一樣的，但實際上是沒有差別。唯一的差距是「明」與「無明」。如果一個人是在本明或本覺中的話，即使顯相看起來很繁雜（例如，宇宙、眾生等等），他會看到這一切都是與虛空同一體性，是與本覺同一體性；也就是，所有眾生的心性同一體性。

　　雖然我們的如來佛性原本智慧與殊勝品質是廣大與不可思

議，但因為此心性是空性，所以沒有任何可利益的根據與基礎，也沒有任何可受益的對象。同樣的，眾生的數目多到可以佈滿虛空，但因為他們是空性，因此也不會有任何損害。利益與損害，兩者也都是空性。

(2) 本性是離於八邊戲論 ❷。

　　法身如來藏的基礎面是免於所有出生之處和出生的主人，所以是免於『生』的限制。如來藏是超越終止與終止的主人，所以是免於『滅』的限制。它不掉入真實存在為某樣實質事物的偏見裡，因為全勝的佛眼從來沒有看到過它，所以是免於『常』的限制。祂雖然是無自性，但並不是虛無的頑空，因為它是輪迴涅槃的共同基礎，所以是免於『斷』的限制。它是超越去處與去任何地點的主人，所以是免於『去』的限制。由於無法指證它是從任何地點來的，也無法指證任何到來的主人，所以是免於『來』的限制。

　　由於輪迴涅槃的所有現象，個別與未混合地在廣大開闊基礎如來藏中生起，就像湖水反映的行星與星系般，所以是免於『一』的限制。不管輪迴涅槃是如何生起，是與此基礎如來藏同一味，就如汪洋裡反映的星系與行星，不外是汪洋，所以是免於『異』的限制。因為法身如來藏不偏向這八種偏見（八邊

戲論）的任何一樣，是普遍地免於過失的染污。

(3) 本體是三解脫門。

再者，法身如來藏是空的，因爲超越上、下、四方和四方交界處，任何時間與間隔。法身如來藏是空的，因爲是廣泛與普遍的。它是外在的空，因爲外在顯相從來沒有被指證爲眞正實質存在過。它是內裡的空，因爲我們內裡的心意是超越一切的根基。由於在中間，沒有主客二元的分辨，所以是至上遍佈『不排它的空性』。這即是『空解脫門』（stong pa nyid）。

法身如來藏的基礎面是超越任何以文字語言表達的特徵、比喻與類比，而且是空於任何可以眞正被指出的物象。這就是『無相解脫門』（tsan ma med pa）。

針對此法性如來藏，三世善逝，如果你認爲解脫的果位是在另一處，而且是只靠累積身口善業就可去到的地方或境界，這就表示你認爲廣泛遍佈的虛空，是一個能來去之處，而且有一個主人能來去此處。這是極端迷惑愚癡的心境。

假如我們認爲只要累積身體與語言的善業與美德，就可以去到另一個純淨的境界，也就是說，在死亡後去類似天堂的地方，在那兒你會看到諸佛等等，這表示你認爲如虛空般的佛性

（我們前面有提到佛性就如虛空般的開闊、廣大與遍佈）是一個有起源與終點之處，一個客觀存在的環境，這就是妄念。記住這套法是屬於絕對境界的程度。所以不要把淨土與佛存在淨土的相對概念與目前所提到的混爲一談，那只是相對境界的看法。

　　什麼算是道途？就是在原處（對自性）保持確信。什麼算是證悟？是如此地確認自己的基礎本性。什麼算是解脫？是了悟我們的自性即是佛。如果認爲解脫與解脫境是在別處並爲此精進努力，這是極端的迷惑。絕對眞理的果位不是只靠沉思推測達到。不靠沉思推測，這即是另一達到『無願解脫之門』（mon pa med pa）。

　　很明顯的，如果我們期望了悟佛果，我們必須了悟本性；因爲它不是在另一個地點。不是只有我們人類，所有的眾生都擁有這個本性。如果你說：「我要修習大圓滿」，但是你還是有很大的貪愛與厭惡，這算什麼修行？

　　啊！孩子，本覺具力主，單只是聽聞我的解說不會帶給你解脫。仔細審查與分析我所傳授的，穩固你的理解與覺識，並在內心深處實證。之後傳給有福報的具格弟子，毫無疑問地，

我的證覺心流會傳遞到專一修習此法的行者身上，而他們會在
非常短的時間內得到解脫。」

　　說完後，他就消失。

　　「我的證覺心流會傳遞到專一修習此法的行者身上」，是
在說他們會像吽伽羅尊者一樣地了悟自性。

譯註

❶吽伽羅尊者，為持明吽伽羅：修持揚達嘿嚕嘎的成就者，是八大持明中之身持明，
大幻化網、續教傳派傳承祖師之第九位。這位大師出生於尼泊爾的婆羅門家庭，精通
《吠陀》和一些非佛教的經典，而且他也具有一些神通。後來他對佛陀法教生起無比
信心，並在中印度那爛陀寺接受了覺慧句大師（Buddhajnanapada）與學者羅睺羅賢
（Rahulabhadra）的授戒，取得灌頂及一切口訣教導。

　　吽伽羅大師以「生圓三相」以及它們的相應，與其他咒語密續等教法饒益眾生。
他編撰了許多「生圓二次第」的論述，如：《吉祥苑魯金唸珠》（註：忿怒咒之一）、
名為《四支精義闡述》的《佛三昧耶瑜伽》口耳傳承，以及《大嘿嚕嘎成就方便確
斷》。後來吽迦羅像鳩槃查王一樣，整個身子騰入虛空，飛到不動如來淨土。（節錄
自葛光明先生翻譯提供的中文初稿《藏傳佛教的寧瑪學派》）

❷八邊戲論，佛滅後七百年間，龍樹菩薩造中觀論，簡稱中論，及十二門論，都是
根據佛說般若經，闡揚中道的空義者。他的弟子提婆菩薩又造百論，廣破外道小乘，
是為三論。八不中道，乃破邪顯正，是本宗綱領。但諸邪妄，無量無數，其見解皆不
合中道。概括言之，不出八類，即生、滅、斷、常、一、異、來、去是也。惟是真如
理體，皆離此八邊，本宗因之立八不法門。中論云：「不生亦不滅，不常亦不斷，不
一亦不異，不來亦不去，能說是因緣，善滅諸戲論，我稽首禮佛，諸說中第一。」這
「不生不滅、不常不斷、不一不異、不來不去」，即所謂八不中道也。

11
超脫至原本不費力、
自然明光的殊勝自發現前德能

文殊師利語獅子顯化教導

D. 超脫至原本不費力、自然明光的殊勝自發現前德能（任運成就），有三點：1. 簡明講解方便與智慧的眞實確切法門；2. 個別講解自發現前的勝妙功德品性；3. 功德品性是如何在如此的覺悟中圓滿完善。

1. 簡明講解方便與智慧的眞實確切法門。

　　有一次，我在禪定的明光觀境中看到文殊師利語獅子（Manjusri Vadismha）❶。我問他：「啊，上師，世間護佑主，雖然我對如是的自性達到確信，也就是說所有的顯相，宇宙與其內的眾生，都不外是自己的顯相，但是請闡明，諸佛各自的名字與淨土，能否被指證爲眞實獨立存在的？」

　　上師回答：「啊，上士，聽著，法身如來藏的基礎面內在光輝，就是自發現前（任運成就）的珍貴勝妙功德。從基礎上來說，佛的淨土、男女本尊與無量寶殿，這一切顯現的屬性特質在自性的基礎裡已是完美與圓滿，這是『智慧』的教義。當這一切顯現被呈現爲與基礎不一樣的地方與對象時，這是『方便』的教義。

　　這個基位法身即是所有眾生的原本佛性。「智慧」的教義與「方便」的教義，就是智慧與方便兩法門。

　　在自性的基礎裡，所有勝妙功德都已然是完美與圓滿，這即是絕對真理或勝義。把這解釋為另一處的宇宙與其內的有情眾生，這即是世俗真理。

　　再次，從絕對真理或確切義來說，在自性的基礎裡，所有佛身與原本智慧的展現都是任運成就或自發現前。從世俗義來說，淨土與男女本尊眾不是基礎，都有自己的名字，而且是有個別特徵的實質物象。

2. 個別講解自發現前的勝妙功德品性，有五點：a) 五身是如何自發現前（任運）；b) 五佛部是如何自發現前；c) 五淨土是如何自發現前；d) 五方佛是如何自發現前；e) 五空行母是如何自發現前。

a) 五身是如何自發現前。

　　以下是以世俗角度來看絕對真理，這是依據輪迴的方法來顯示。

　　因為我們的經驗是屬於輪迴的經驗，所以只有靠世俗的方法來揭示絕對境界，沒有別的方法。這就像兩種瑜伽的次第一樣，藉著修持生起次第，我們被導入圓滿次第的了悟。

　　我們來看所有勝者是如何包含在五佛身內。在至上法性中，輪迴涅槃的所有顯相（法），是以原本無作的屬性而存在基礎法境的大空性裡，這即是『法』的意義。

　　「法」的意義是真理、勝義。從絕對的見解來說，所有佛、所有證覺者都被納入五種佛身裡，輪迴裡所有的事物都被納入大空性或「基礎境」。這個空的本性即是基礎，是無作且是我們本來就有的。這個真理的偉大本性即是所有佛的本性，名為「法」（藏：chos，梵：dharma）。當我們用「納入」這個詞語時，不要以為是把所有的「法」擺到一個容器內，而是本覺的本質蘊含所有佛身。它是唯一的偉大空性，稱作「基礎境」。而真理的偉大本性即是「法」的意義。

　　由於眾生有不可思議類別的體質、個性與根器，所以會有不可思議種類的法門、禪修經驗與果位，這一切是以原本自然的屬性而存在，這即是『身』的意義。

　　從世俗的角度來看佛「身」（藏：sku，梵：kaya），即是指眾生的不同元素與根器等，導致他們對修行道有不同的需求與領悟。針對這些差異，會有不可思議眾多佛的法門來帶領他們往靈修道上前進。我曾經提過有九乘，每一個眾生都會依據

自己的需求與業力來進入佛法大門。一旦他們開始修行，會有自己修行程度上的體驗、領悟與結果。這一切不可思議眾多的方便法門來領導眾生了悟「法」，即是佛「身」的意義。當你把這兩個名詞擺在一起，這即是「法身」。

　　原本圓滿的佛身與原本覺識的自發現前（任運成就），是自然可以愉悅享受的，這即是『報身』。

　　「報身」（藏：longs sku，梵：sambhogakaya）在藏文裡的 longs 意指享受與受用。也就是說，原本智慧的殊勝品質是自發現前、圓滿與完全地愉悅享用。報身實際上是法身的展現，從法身而起。法身就像太陽，報身就像太陽的光華。

　　從心思來，從未離開自性。雖然顯現為傳法上師、工匠化身、受生化身與無生命化身；但是除了是基礎以外，從來沒有離開基礎自性。

　　「化身」（藏：sprul sku，梵：nirmanakaya）在藏文裡sprul 意指顯化。從法身與報身，化身顯現。但不是有意的像：「噢，我要利益眾生而刻意顯化。」化身是完全自發現前，一點刻意的意願或活動也沒有。這就像剛剛談到的例子，

法身是太陽，報身是光華，化身是光華能驅除黑暗的能力。太陽並不會想：「我要試圖讓光芒照亮黑暗。」太陽能驅除黑暗是自然自發的。同樣的，從自性的基礎中，顯化身自發現前而不是刻意顯化的。

也許你們有一些自作聰明的人會說：「那是不是表示沒有慈悲心？」事實上，這就是慈悲心的真正意義或品性，慈悲心是沒有刻意的意願而且是無礙的。因此，也被稱作自我光輝（rang mtangs）或內在光輝；它是佛性的光輝，是自發現前，無作。當我們證悟佛性時，大慈悲心即是這個證悟的光輝。不再需要刻意生起慈悲心。

這四類化身的顯現是藉著緣起的相依關係：一個執認有『自我』的意識可比喻為一個裝了水的容器，如來藏法境的勝妙功德可比喻為天空中的行星與星系。當這兩者同時發生或相遇時，就像容器裡裝滿了水，而水能夠反映空中的星系與行星一樣。

不管他們是以平靜、增益、權威或忿怒的化身來顯現，都是為了眾生。有些人有好的福報，能夠親見佛或蓮花生大士。他們偶爾會有淨觀，可以看到本尊、空行等，這可比喻為一個盛水的純淨容器。雖然他們還是眾生，還有一些我執，但是當

一個人的心是純淨與開闊，他會因為自己佛性的相依關係而會有這種經驗。

實際上，宇宙與其內涵從來沒有離開過三身的展現。本質的相即是『法身』，本性自發現前（任運成就）的相即是『報身』，不同顯相顯化的相即是『化身』。再者，『自性身』意指基礎自性是輪迴與涅槃的本質，而且所有一切均與此本質是同一味。

「自性身」是指輪迴與涅槃在本質中是一味，而「一味」即是此本質的自性。

『身』意指原本智慧與勝妙功德的聚集與堆積。

這是另一個方法來了解「身」，所有原智與殊勝品質就像一個大聚集。

存在本質是『不變的』，因為不會在三時中轉變成別的事物。它是『不會損壞的』，因為不會被任何事物傷害。它是『無摧的』，因為不會被自己或其他事物毀滅。它是『實相』，因為它是輪迴與涅槃的共同基礎。它是『無污染的』，因為好

壞不會玷染它。它是『不動的』，因爲免於變動與搖動。它是
『無礙的』，因爲它能穿透一切事物，包括最微細的所知障。
它是『不壞的』，因爲沒有事物或情況可擊敗它。如是，勝義
不滅金剛的自性具有四種確認：除了有善根福德的行者以外，
一般眾生不可能了悟它；一旦了悟並修習它，不可能得不到深
度確信；在得到確信後，不可能沒有解脫；一旦達到解脫，不
可能不會成爲有完全證覺的佛。

　　我們前面提到金剛是指本覺、心性，具有七種性質。金剛
的這四種「不可能」，也稱作四種確認，因爲絕對是眞的。

　　這五種佛身在基礎自性裡是原來就有的，這即是絕對眞理
或勝義諦；把祂們分別解說爲與這個基礎自性不一樣時，就稱
作方便道或世俗諦。

　　我們不要忘了，只要我們還是在迷惑妄念中，我們只能靠
相對境的世俗方法來了解絕對眞理。

b) 五佛部是如何自發現前。

　　以下是針對眾生對家族階級等有很大的愛好與執著，以此

爲基礎來解說本尊的不同『部』。在基礎自性裡，習性的污點在法界中全然淨化，這即是『桑』的意義。原本智慧與勝妙功德是廣泛與豐盛的，這即是『給』的意義。（這即是『佛部』）

「佛」的藏文音譯是「桑給」（sangs rgyas），第一個音譯是「桑」（sangs），意指「清除、淨化」；第二個音譯是「給」（rgyas），意指「廣大或自發現前」。從基礎自性來說，這即是「佛」的原意，雖然是有「佛部」的名稱。

佛性擁有七種不滅的金剛屬性，這即是『金剛部』的意義。

我們前面已經提到，「金剛」（dor je）意指佛性不滅的七種性質。

是所有佛身與原本智慧的起源，這即是『寶生部』的意義。

寶生意指「珍貴」。

佛性不受缺點與玷污的蒙蔽，這即是『蓮花部』的意義。

（佛的）證悟事業是圓滿地成就，這即是『事業部』的意義。

　　佛性擁有能完全實現的事業活動，就像一顆如意寶一樣，能完成任何事。

c) 五淨土是如何自發現前。

　　『家族階級』意指屬於某個個別的編組。以下是針對人類對於地方的愛好與執著，以此為基礎來揭示五佛土。

　　「家族等級」（rigs）這個名詞顯示出我們被約束的缺陷。所有的人類都執著於自己的家鄉和祖國。美國人執著於美國與美國人，中國人執著於中國與中國人，西藏人執著於自己來自的農村或游牧地點。

　　從『基本法界』自發現前的勝妙功德稠密（分佈）相而言，即是『密嚴淨土』（Tugpo Kodpa）。

　　這是中間佛部毗盧遮那佛（大日如來）的淨土（stug po bkod）。由於在基礎境中，所有的神聖品質是美妙莊嚴地陳列，所以稱為密嚴淨土。

　　『基本法界』的至上大喜樂不是從外在地點、條件或主人而來的，這即是『妙喜淨土』（Ngonpar Gawa）。

　　這是東方金剛薩埵的淨土，再次，這是指基位佛性。這不是我們體驗的一般喜樂，這種喜樂是自發與無盡的。

　　『基本法界』的原本智慧與勝妙功德是壯麗與完善富足，這即是『具德美麗淨土』（Paldang Danpa）。

　　這是南方寶生佛的淨土，還是在指基礎佛性。

　　『基本法界』擁有無漏的樂空原本智慧，這即是『極樂淨土』（Dewachan）。

　　這是西方阿彌陀佛（無量光佛）的淨土。

　　所有淨化與解脫事業是完美地完成，這即是『事業圓滿淨土』（Layrab Dzogpa）。

　　這是北方不空成就佛的淨土。

　　（藏文）『淨土』（中音譯：醒康）的第一個字『地方』
（中音譯：醒）意指『基礎法境或空性』。第二個字『界』（中
音譯：康）不外指『存在的基本組成』。

　　「淨土」是指真理之境，實相。除了是法界以外，不在任
何別的地點。

　　（藏文）『無量宮殿』的意義如下：由於基本法界的勝妙
功德是不可計量的，這即是『無量』的意義。由於他們遍佈輪
迴與涅槃，這即是『宮殿』的意義。

　　這是本尊的宮殿或壇城。藏文的直譯是「無量住處」，把
住處稱為「宮殿」比較好聽。我們已確立有五佛部，這是祂們
每一個所在處。再次，這是指基礎或佛性，在其內所有的殊勝
品質與功德是無窮無盡的。這基礎包含了整個輪迴與涅槃，是
一個房子與容器含有整個的輪迴與涅槃。

d) 五方佛是如何自發現前。

　　當基礎境的遍佈自性光輝被至上能遍般若智實證時，此
時，基位如來佛境的原本智與勝妙功德是完全地顯現，這即是

『毗盧遮那（Vairocana）』大日如來的意義。

「毗盧遮那」意指包含所有顯相。祂是在中間的佛。

『基本法界』是賦予金剛的七種不滅屬性，並在三時中不動搖與變動，這即是『不動佛』（不動金剛）。

東方的佛也可以是金剛薩埵，但此處祂是「不動佛」（藏：mi bskyod rdorje，中音譯：米久多傑）。

『基本法界』是道與果所有法的起源，而且是賦予完善富足的勝妙功德，這即是『寶生佛』。『基本法界』顯化出來的顯相是無限量的，這即是『阿彌陀佛』（無量光佛）。『基本法界』一切純淨事業是自生的，這即是『不空成就佛』。

「寶生佛」、「阿彌陀佛」❷、「不空成就佛」的意義即在佛自性中一切純淨目的自然生顯成就。以下是解釋女佛母。

e) 五空行母是如何自發現前。

在絕對金剛空性的天空中，輪迴涅槃所有顯相是以來去往

返而顯現，這就是『金剛空行母』。

「金剛空行母」不外是金剛空性的天空。在此之內，所有顯相的生起與逝去，就像汪洋中的浪濤一樣，從汪洋中生起後又回到汪洋裡。或是像太陽與其光華一樣。這就是「金剛空行母」的意義。

『寶生空行母』是指所有原本智慧與勝妙功德自生的那一面，就像寶藏一樣。『蓮花空行母』是指『基本法界』離於所有貪愛與染污的那一面。『事業空行母』是指自發現前的佛身與原本智慧所有事業，無作與不須費力地自生的那一面。

在『基本法界』裡，煩惱障與知障的染污全被清除，而且原本智慧與勝妙功德自然地完美，這即是『佛』的意義。在空性廣大天空中，輪迴涅槃所有顯相是以來去往來而顯現，這即是『空行』的意義。

以上是解說「佛部空行母」（Sangye Khandro）的意義。佛在藏文中的第一個字母是「清除」一切障礙煩惱，第二個字母是「豐盛、圓滿齊備」，是指所有殊勝品德是全然地完美齊備。所有「佛」是二障清淨，而且所有功德品質都俱足。空行母的第一個字母是天空的意思，第二個字母是來去往來的意

思。也就是說，本覺或佛性就是空性廣大的天空，在其內，所有顯相是來去自如的。

3. 功德品性是如何在如此的覺悟中圓滿完善，有三點：a) 勝義（絕對眞理）儀軌的分支是如何圓滿完善；b) 此乘之殊勝名義是如何圓滿完善；c) 九乘次第的功德是如何以往上增進的方式來圓滿完善。

a) 勝義（絕對眞理）儀軌的分支是如何圓滿完善，有兩點：(1) 勝義儀軌是如何實在的圓滿完善；(2) 教導生起次第的世俗方便法門的重要性。

(1) 勝義儀軌是如何實在的圓滿完善。

　　如此，當遍佈輪迴涅槃的基本法身如來藏被實證爲偉大自性時，這是免於限制、最高自在的基位大本覺。

　　「免於限制的基位大本覺」（gzhi'i rig pa mtha' grol chen po）是一個大圓滿名詞。「免於限制」或稱「邊際解脫」，意指沒有限制或邊緣。

以絕對真理（勝義）來成就所有佛法修習都集中在此處：

從絕對真理的角度來說，所有儀軌與修習的成就都不是分開的。以下是把整個儀軌的修法，一步步地從絕對真理或勝義的角度來解說。

基位本覺是一切至寶總集（皈依眾）的本質，藉著對此自性具足確信並真正掌握，這即是對無上絕對本性的『皈依』。

皈依有外內密，所有皈依對象都包含在此無上佛性的本覺裡。

從無始多生多世以來，由於執認有一個真實的『自我』並執著於客觀對象，（你的）心量是非常狹小的。現在既然確認輪迴涅槃只是唯一本覺的動作而已，（你的）凡俗心會擴大，這即是生起殊勝的『菩提心』。

當我們認清輪迴與涅槃只是本覺的活動時，這種廣大開闊的覺識即是最純淨的菩提心。所以生起最清純的菩提心，即是了悟輪迴與涅槃的真如自性，因為你了悟到輪涅不外是本覺。因此，沒有發菩提心的人、沒有慈悲的對象、也沒有發菩提心

的活動；這些全是同一個動作。在儀軌修行的下一步驟，就是
驅除魔障。

執著於客我二元相對的凡俗心，即是導致我們在輪迴三界
流轉的世間大魔。藉著能識別的般若智，此大魔被驅除至無外
境的空性中。在實證了悟『無我』、『無自性』的般若智時，
這即是不會被摧毀的『菩提心護輪』。

這個菩提心護輪永遠不會被毀傷，因為沒有「自我」的
話，就沒有任何東西可被毀損。即使我們認清敵人是二元相對
的執著，我們還是需要實證見地才能驅除此大魔。即使我們能
了悟「立斷」的見地，這是目前我們正在談論的題材，也就是
了悟空性（無我）之後，二元之見還是會回來。了悟見地不是
最後的果位；這就是為什麼我們還需以禪定來實證此見地。這
是非常重要的一點，因為很多人在得到見地後就不再繼續修下
去，或者是有一些人是沒有見地而禪定。不要如此地修行。

在無明的黑暗境裡，本覺原本智慧降下殊勝加持，這即是
『降與加持』。

這裡的意思是眾生與佛之間的差別是，佛已證悟了原本智

慧，祂們永遠不會與此自性分開。眾生因為住在不了悟自性
（無明）的黑暗裡，是永遠與此自性分開。當一個人實證原本
智慧的本覺時，自己佛性的所有殊勝功德品性都會自然地從內
裡顯現出來，這即是加持的自然降下，不是從上面降下來，而
是從內裡自顯出來的。當我們聽到「黑暗」這個詞語時，我們
可能會誤會以為是卡在某個地方裡。最好是以「了悟」或「不
了悟」自性來了解「無明的黑暗」。因為不了悟自性，我們替
自己製造了很多的問題；但與其集中在這些問題上，還不如集
中在了悟的必須先決條件上。例如，假如你在前面一段距離的
地方看到一條繩子，最初你以為那是一條有斑紋的蛇，但是當
你再仔細觀看時，你會看到這只是一條繩子而不是一條蛇。也
就是，你認出它到底是什麼。當你確立能分辨的般若智時，當
它在你心中成熟時，能分辨的能力就是般若智；這就像認出繩
子而不是蛇一樣。

　　藉著了悟顯相是以本覺的裝飾所現，自生的莊嚴妙欲物象
即是『供養』的行為。

　　滿足感官欲望的自我生起（自生）物象，是在任何時候以
任何方式自然地展現，這是究竟的供養，也像加持供品的步驟
一樣。接下來便是本尊的生起，自性生起為本尊。

　　當阿賴耶被轉爲法身時，這即是『原始基位佛』。能現見此自性的『如所有般若智』（❸：能了解一切萬象萬物的究竟本質），與能觀照到所有顯相的全知全明『盡所有般若智』（❸：了悟一切世俗諦、衆生無明迷惑的狀態），當這兩種般若智被實證時，這即是所有佛與菩薩的祕密總集。

　　當我們轉化阿賴耶爲佛性時，我們了悟此無明的基礎爲佛的原始基礎；當此基礎自性被如所有智了悟時，這就是實證佛的智慧或本尊的生起。然後以盡所有智來實證能被知曉所有事物的覺性。這是所有佛與佛子的祕密要義，因爲祂們能看到所有現象界的細節，但從來沒有離開過絕對眞理。

　　從方便道途來説，最初的了悟就像是攝集護法衆的莊嚴，八地以上的證悟就像是菩薩莊嚴境，佛果的實證即是諸佛及莊嚴佛土現前。

　　這一段是在説，剛開始時，我們了悟的程度是護法的程度。當修行持續下去時，我們會達到菩薩的境界。一旦我們以見地和禪定的禪修力來實證佛果時，我們會成就普賢如來佛的境界，也就是本初境。在此本初境中，所有勝妙功德都是自然的生起。因此，所有修行道途的法門都是完美與自發地顯現。

　　我再用另一個方式來解說，這就像太陽、陽光與光華的潛力一樣。成就佛性，即原本佛果，就是太陽。一旦成就此，陽光與光華的潛力是自發現前。陽光可比喻爲菩薩的境界，此處是超越八地菩薩境。能照亮黑暗的能力可比喻爲護法的事業。看起來好像是存在不同的境界與程度，這只是當我們仍然在道上時才會認爲會有差別，但最終是沒有差別的。我們開始的了悟就有一點像護法的事業；當了悟加深時，這就像陽光或者是菩薩的境界；當加深到證悟時，就變成一切道途與整個道的源頭。

　　從方便法門的角度來解說，普遍基礎無明（阿賴耶）即是『大自在天』；從此處生起的所有思維，即是佛法的守護神眾與天龍八部鬼神等。

　　「大自在天」可比喻爲所有神的王，或者是輪迴的王，也就是無明的基地。然後所有散漫思維與妄念造作生起爲無明的展現，這些就是道上會生起的八部鬼神，是需要被降伏的魔。這就是以道途的法門來了悟智慧。

　　在實證本初基位法身時，偉大自生根本智慧會生起。當這個（根本智慧）展現被分類成不同的題材時，這就是道上的造

作方便法門。佛法修行就是爲了實證究竟（勝義）佛；所有佛
法的修行儀軌與壇城都包含在此點內，並在其內全然地完美。

　　所有的儀軌、壇城與修法全都是集聚在此點上。我們需要
了解所有修行道上的段落與部分是針對世俗眞理，但我們一定
要實證佛性才能得到絕對成就。

　　在實證自性時，輪迴三界所有法都轉成單一至上法性的展
現，這就是『迎請』。

　　在生起次第裡，在我們把自性生起爲本尊後，會有一
段「迎請」的修法。當我們實證佛性時，這就是自發的「迎
請」。

　　不受三時的遷移與變化，在自性的原地住留，這就是『祈
請本尊住留』。

　　當你實修本尊時，你實際上是增強見地的證悟；然後對此
見地的維持，即是「迎請」。不離見地而達到不動的確信，即
是「祈請住留」。事實上，將來當我們解脫時，我們永遠不會
離開見地，這眞是實證本覺的不動歇息處。以上即是從見地的

角度來了解佛法修行的不同題材與項目。

本初基位法身即是見地之王，在親見此本來面目時，會生起大驚嘆，這即是對見地的禮拜。

遇到見地就像自發的禮拜。因為從多生多世以來，我們完全沒有認出自己的真面貌，所以在你赤裸地現證本來面目為法身時，這是一個何其神妙的感受，你會自然自發地生起虔敬與禮拜之心。

一切事物（萬法）都是法性的展現，這即是『至上供養』。當輪迴涅槃大圓滿的自性被如是看到時，驚嘆與信心會生起，這即是『勝義讚頌』。

以下他解釋身、語、意。

佛『身』的陳列，就是不混淆個別顯現的各種所現之相。佛『語』的展現，就是（這些顯相的）自發圓滿與現前。『心』的展現，就是離於概念造作與侷限的原始清淨法境。佛身與原本智慧的展現，是無須尋求而是自發現前（任運成就），對此（自發現前）本性了悟所得來的功德即是掌握四種

事業自在，這即是本覺大圓滿的特質（性相）。

　　佛的顯化身與原本智慧是在一切時與一切境內，不需要追尋，且原本自發存在。在此之內，佛的這四種神妙事業是完全完美地自發具足。

　　針對佛身、語、意、功德、事業的四種灌頂，了解到它們也是在自生時就同時全然地圓滿。

　　四種灌頂是在自生時，也同時全然地圓滿。同時全然地圓滿是很重要的一點，這一點是必須被了解與領會的。

　　如是地了解與了悟如此完美圓滿本性，這確實是大圓滿。先前由於對此的不理解，你是在輪迴裡漂流。雖然（此自性）原本是圓滿完善的，但是被無明蒙蔽；這就像本來自然流動的水被凝固成冰一樣，或者因為沒有認出黃金與珍寶的價值，所以無法減輕窮困。從絕對真理來說，基礎如來藏的原本智慧與勝妙功德是完善與圓滿的。把這些解說為『所依』和『能依』的各種壇城，是佛法的方便法門；這是以世俗精勤之道，來引導執認一切為『恆常』持常見的弟子，到達不作力之最終法境。

　　記著這一點，在佛性的究竟之基裡，也就是一切所有的本性裡，所有智慧與殊勝功德品性都是完美本俱的。你一定要對這一點有明確的了解才行。因為沒有了解這一點，我們才會執著於一個永恆實質存在的「自我」與外在的客觀「顯相」。所以我們必須同時保持見地並依賴造作的世間法，這是我們能被導入至無作的究竟之境的方式。

　　因此，藉著具備三要點：明晰、純淨念住與空性，一個人會被引導至崇高無上果位的本初法界。」說完後，他就消失了。

　　有很多人在聽過一些大圓滿法後，就覺得只須要修習大圓滿見地就夠了，他們認為自己可以直接去修無造作的禪定，而不須要修習這些繁雜的儀軌。他們不喜歡儀式，而且覺得自己不須要做儀式，只要修習精髓要義就夠了。但是當我們聽聞這種開示、這些問題的答案與這套法的呈現，我們就會明瞭為什麼需要修習生起次第、四種事業，以及如何實修它們。我們是因為諸佛菩薩們的慈悲與恩賜而遇到這些儀軌、儀式與禮儀的世俗方便法門。因為我們只有依靠世俗的造作方法，才會被帶至究竟真理。當我們有緣遇到如此迅速和高深的方法時，與其背棄它們，我們應該認清這是最大的福氣，並抓住這個機緣盡

快了悟究竟自性。

　　我們會有這種不喜歡修持儀軌的心態，其中一個原因是因為我們沒有了解到，這是一個非常快速和容易的方法來引導我們出離輪迴並了悟根本淨智。

＊　　　＊　　　＊

問&答

　　學生問：「您提到兩個詞語，您說事物是空的，您也說事物是空性。您是不是說這是兩個不同的品質？」

　　上師答：「至於『空的』與『空性』的差別，當你的心空掉思維時，你是住留在某種程度上的『止』，因為你可以在這個沒有思維的境界中住留一段時間。但是空性是確認心性的本質，此處的『空』是指本質；這個本性是所有一切的根源。一旦你確認空性或心的自性時，你會了悟這就是輪迴涅槃的根源。這是它們的生出之處，也是它們化入之處；這是它們的起源與終止之處。所以，一切都是從此而現前；這與單只是把已存在的現象化空是不一樣的。

　　如果你體驗到心的某種空境，這只是一個暫時性的經驗，你只不過是有某些能力來控制心念造作。而空性是了悟一切的本

性。如果一個人能夠了悟到整個狀況的本性，這就是究竟掌控。

假如你希望有超越智力上的理解，因為理性上的了解只是某一個層次而已，你就應該回到這個教法的開始，然後跟著法教一步步地修下去。每一步都需要實證，才會導致下一階段。所以說，大圓滿法是以了悟『人無我』為開始，再下來是了悟『法無我』。當你對此有真正的體驗時，你就修習『止』；這是大圓滿的『止』，不是一般的『止』。這是你了悟這個見地後，你是在這個了悟中住留；這就是這個階段的『止』。

當這個體驗越來越深時，這就叫作達到見地的甚深確信；此時，你開始修本覺的『觀』，因為本覺開始生起。這個見地的『觀』，就是大圓滿的『觀』。這與一般我們所了解的『止觀』不一樣。當這個『觀』達到最高點時，這就是『止』和『覺識』的雙運；這是依據大圓滿來了悟空性。

否則的話，單只是把心給空了、覺察呼吸或其他使得心平靜的方法，都只是道途，但不會帶至解脫。我不是在貶低這種方法，但是從實際的角度來說，如果你只是修習『止』來使心平靜，你是在一個靜止之境住留，這就像把這個房間空掉，然後在這個空的境中住留；你並不是在做任何事物，什麼工作也沒有。所以你需要以結果來衡量你的努力。如果長期修這樣的方法，會有什麼樣的結果？至於我們從無始以來的心結，我不曉得你們是怎麼樣，但是我有很深重的習性。

如果你期望只靠這樣的方法把心給空了而達到解脫，這是很難想像可以達到的。你必須思考在如此短暫的生命中，你應該以什麼方法來達到解脫。這有很大的差距，也就是這些教導的用意。所以與其花時間在空境中住留，你應該考慮把時間花在依照所傳授的教導來正確地確認『無我』。當你對『人無我』達到毫無疑問的確認時，這就是甚深了悟。這會促使你去了悟『我』所看到的一切都是沒有自性、不是真的、而且是無常的。這就會瓦解一切依賴二元相對心意的期望與疑慮。

當你再持續住留在見地中，這個了悟會越來越深，直到你不再回到老毛病與習性，這就是『不退轉』。但是假如你在禪定時，只是把心意空掉，你從禪定中起來時，這些習性還是會回來。這就是差別，我們必須了解這種教導的珍貴性。

至於見地，你必須仔細思考，到底有沒有必要禪修這些法，因為很多人認為：『噢，我已經了悟人無我。』這只是胡說，因為你是不是還認為『我的身體』？你對自己的身體有沒有認同感？如果有的話，你就需要在自己身體的每一個部分尋找『我』，直到你了悟沒有一個『我』在身體中，這樣你再也不會相信這個身體是你。然後針對房子、國家、丈夫等等，你必須以同樣的方法來尋找。『我的』所有概念都必須瓦解。我們甚至會說『我的意識；我的本覺』。你的意識不是你的意識。」

　　學生問：「我們對疾病的執著呢？」

　　上師答：「我生病了，我的疾病。想想看，不要問我，問你自己。我的生病、我的習性、我的口紅、我的這樣、我的那樣、好的、壞的、所有一切。我們是如此的重要，把『我的』視為很了不得；你就是整個輪迴的主人。你想要說：『我的襯衫。』沒有關係，這沒什麼大不了。你可以檢視這個『我的』，然後慢慢的檢視『我就是』。你從哪裡來？你在哪裡？你去哪裡？你有什麼樣的身體？它是什麼顏色、形狀等等。你能說沒有一個『我』嗎？」

譯註

❶ 文殊師利菩薩，梵名曼殊師利，譯為妙吉祥、妙音、普首、濡首、敬首等，顯教中常與普賢菩薩成對，隨侍釋迦牟尼佛之左右，專掌智慧門。在諸菩薩中，號稱智慧第一。依《大佛頂首楞嚴經》所載，此尊以前曾稱為龍種上尊王佛，故亦稱為「文殊佛」，密稱吉祥金剛或般若金剛。文殊師利菩薩之變化相極多，有孺童文殊、語獅子文殊、語王文殊等。文殊師利，身桔紅，如旭日初昇，頭戴五佛冠，表五佛五智，頂作五髻，表內證五智，右手高舉般若焰劍，表斷一切無明、愚昧、昏黯。左手當胸坐轉法輪印，並拈青蓮花梗，沿手臂而上。花開齊於耳際，蓮瓣上平放著般若波羅密多梵匣，表般若智慧浩瀚如經典。一切珠寶瓔珞表其報身圓滿，以半跏趺姿坐於青獅之背。

❷ 阿彌陀佛（Nangwa Taye，表示無量顯化）

　　此佛性顯化基礎是無限的，因為當我們證悟佛性，佛性品質是無限的，顯像和現象是無限的，這就是阿彌陀佛名字的意義。

❸ 圓滿佛果，《解脫莊嚴寶論概說》崗布巴大師造論，堪布卡塔仁波切講：

　　法身境界（佛智）有兩方面，即「如所有智」和「盡所有智」。如所有智是全知的境界，已經斷除一切覆障，具足如實了解一切萬象萬物的究竟本質。盡所有智則為遍一切處的智慧，意謂了悟一切世俗諦、眾生無明迷惑的狀況。法身亦可因善巧方便不同，分為五智：

　　法界體性智——遍佈一切法界（中央毘盧遮那佛，代表法界體性智，藍色，色蘊，空大，淨化凝毒）。

　　大圓鏡智——能立即覺知、反映一切現象（東方阿閦佛表大圓鏡智，白色，識蘊，水大，淨化瞋毒）。

　　平等性智——能視一切現象皆平等無分別（南方寶生佛，表平等性智，黃色，受蘊，地大，淨化慢毒）。

　　妙觀察智——十分精準、肯定的智慧，不是模糊概略的（西方阿彌陀佛，表妙觀察智，紅色，想蘊，火大，淨化貪毒）。

　　成所作智——能圓滿一切作為、一切事業（北方不空成就佛，表成所作智，綠色，行蘊，空大，淨化嫉毒）。

12

教導生起次第的
世俗方便法門的重要性

鄔金海生金剛顯化教導

(2) 教導生起次第的世俗方便法門的重要性。

　　又過了一段時間，我在明光之境內見到吉祥榮耀鄔金海生金剛措計多傑（Tsokyi Dorje）（請參照第三章註❶）。我問他：「啊，至高佛，原始護佑主，淨土、無量宮殿與本尊的生起與成就，這些修行的目的到底是什麼？」

　　他賜予以下的答案：「遍佈整個虛空的世間宇宙，即是『我見』之外在魔（茹扎）。對治這個的方法，即是把它們淨化爲明光淨土。

　　這是以淨見的修習來轉化外間宇宙爲明光生起的淨土。此淨見的覺識當然是以絕對本性作爲基礎，因爲它與此基礎是同一個自性。

　　從內裡來説，執著於住處、可享用的財富與身體，這即是『我見』之內在魔。對治這個的方法，即是禪觀無量宮殿與本尊。

　　外在「我見」的大魔，是執著於外在世界爲「眞實」的見地。內在「我見」的大魔，是執著於世間裡的細節，以及自己的身體爲「永恆常存」的見地。

　　在所有時候與所有狀況內，（我們）都有一個連續不斷的潛藏意識，在認知一個名為『我』的顯相；這就是『我見』之祕密魔。這個『自我』是連接所有輪迴妄念與顯相的牽線。這個對治方法，即是堅定地保持佛慢。如果不了解這些要點，有些人並沒有清楚的觀想與保持佛慢，他們只是集中在唸誦咒語上；有些人把本尊與淨土執認為有真實自性。雖然他們在修行，但是他們不會覺證佛果。因此，你一定要了解這些要點。」

　　說完後，他就消失了。

13

此乘之殊勝名義，
是如何圓滿完善

法界主母詺卡扎提顯化教導

b) 此乘之殊勝名義，是如何圓滿完善。

又過了一陣子，我在明光境裡親見法界主母誒卡扎提（Ekajati）❶。我問她：「啊，所有輪迴涅槃唯一主母，輪迴涅槃大空法界主母，在她祕密虛空中遊行的這一乘，名字是什麼？」

她賜予以下的回答：「我的孩子啊，我給予你整個的『心傳』，就像給了你身體一樣。我給你的『示意傳承』，就像一直餵你母奶一樣。我給你的『口耳傳承』，就像心要的直指口訣，可促進你的心智。揭示此法給有發心、有福德緣分的弟子，這些緣分都會有意義與益處。

我的名字即是所有乘之王；我的名字也是所有能聽到的音聲。因此，空行母的虛空是包含一切顯化，雖然此絕對無上密擁有很多名字，但此處我只談論七個。

此法擁有兩種大祕密，所以是『密』。它保護一個人不會受到認爲有『我執』及有特徵的妄念造作所帶來的恐怖損害，所以是『咒語』。勝義境是不會被毀滅的，所以是『金剛』。它綜合了所有道上殊勝品質的精髓，所以是『乘』。這就是『祕密眞言金剛乘』。

它以一切顯像的終究存在模式駐留，所以是『眞諦』（don）。它是所有覺悟之首，所以是『勝義』。它『淨化』所

有過失與玷污。在其內所有佛身、根本智、道與果是全然齊備，所以是『菩提』（正覺）。它是所有各種純淨平等顯化的基礎，是三金剛的唯一生命力，所以是『心』。這就是『勝義菩提心』（最高真理正覺心）。

（在其內）輪迴、涅槃與道是完美與圓滿的，所以是『圓滿』。它是所有乘綜合精髓的唯一要義，是所有乘的共同基礎，所以是『大』。這就是『大圓滿』。

它是超越所有思維的方隅，所以是『明點』。輪迴涅槃在證覺心（菩提心）內是一味，所以是『獨特』。所以稱為『獨特明點』。

第三個名字是指本覺。藏文的「明點」，意指小圓點。小圓點意表佛性裡是沒有概念的，是一個沒有思維方隅的境界。

本覺如來藏的自性是清澄明燦，免於任何玷污，所以是『光明』。它擁有七種金剛的不滅屬性，所以是『金剛』。它以一切輪迴涅槃所有法的精駐留，所以是『心髓』（藏）。這就是『明光金剛心髓』。

輪迴涅槃所有法都包含在如來藏的自性裡，而且是全然地完善遍攝與圓滿通達，所以稱為『輪迴涅槃遍達圓滿』。如來藏免於一切生、死、老與衰敗，所以是『青年』（童）。自發

現前（任運成就）不會破損，所以稱爲『寶瓶』。

　　佛性是「青年」的，因爲永遠不會被生、老、病、退化或死亡所敗壞。這個「青年」屬性是自發現前的，不會消散，是永遠內含的，就像裝在一個容器「寶瓶」內。這個「青年」的品質，就像空中的太陽，永遠都完美的現前。

　　所有的原本智慧與勝妙功德就像聚集和堆積，所以稱爲『佛身』（sku）。」

　　說完後，她就消失了。

　　以下是敦珠林巴的解說。他是說直到目前爲止，這套法主要是在談論大圓滿，所以目前他要針對九乘來個別解說如何完善與圓滿。

c) 九乘次第的功德是如何以往上增進的方式來圓滿完善。

　　我將對法界主母誒卡扎提的一般解說作注釋，個別說明這九乘次第道是如何地圓滿。針對所有執著於「我」與「人我」的有情眾生，「聲聞」行者視這一切（眾生）顯相的基礎爲無自性的。「緣覺」行者覺悟到所有外內事物只是相依關係（緣

起）的幻化顯相。

　　以上這兩乘不會帶來完全的證悟，這是很重要的一點。

　　「菩薩道」行者了悟空性即是慈悲自性的生起，因此不費力地自然結合所有種類的方便法門與般若智。帶領眾生脫離苦痛的這三乘，其殊勝特性是，高的乘自然內含低的乘；以此特性圓滿完善。

　　「事密部」行者從事苦行、清潔儀式來令本尊欣喜。「行密部」行者是以咒語唸誦與三摩地禪定來得到成就「悉地」。「瑜伽密部」行者的見地是無相法境，此金剛界佛的至上壇城是以禪修止觀來實證。這三乘是以苦行來得到智慧，它們的一切殊勝功德、作用和悉地成就之精要，都在此不可言說的自心──此唯一俱生自性裡圓滿與完善。

　　以上這三乘都是要透過很大的努力去修行，稱為「離苦乘」，主要是因為依賴苦行和大精進努力才能達到。

　　父續大瑜伽乘（瑪哈瑜伽）的所有法，原本就是純淨至上法身，此二諦無分、擁有七種屬性的絕對境。

　　這是生起次第的修法，在此修法內，行者成就三金剛的覺識，也就是所有形色爲本尊、所有音聲爲咒語、所有思維爲原本智慧之展現。這是以相對境的方式來集中在絕對境上。基本上，你是在實證自性爲三身，實證所有顯相爲三身。雖然是說三身，但這三身都只是本覺或佛性。

　　在無上瑜伽乘（阿努瑜伽）的經教傳承裡，原本眞如（空性）與自發現前的原本智慧雙運之子，即是大樂菩提心壇城；在此菩提心壇城內，一切事物都在至上清淨平等性中完全地圓滿完善。

　　自性大圓滿乘，是以無邊緣、無中心的明光爲唯一法境，此基礎的光輝是以自發現前的珍貴顯相而生起，這一切的生起是離於極端與偏袒，就像黃金與其光澤是不分的。前面提到的所有教派，全都綜合在此不變與不會遷移的法身——此沒有限制的至上本覺、基礎法境、如來藏的原意裡。這些教法被個別地解說，是爲了調伏在漸修道上的弟子而顯現此法教。

　　你不能只是把它（大圓滿法性）想成像這個例子，因爲它是不變之法性，也是從邊際限制的大解脫。在此沒有任何限制與極限的境內，一個人是住於佛性的基礎境中；在此基礎境內，兩種目標（自利與利他）同時生起而且是綜合在一起的。

不管一個人是詳盡或簡要地研讀九乘中的任何一乘，或是一個人已經成就較低乘的所有德能，因此能夠修習較高的乘；不管情況是什麼，有了這些個別乘，是爲了利益不同程度與根器的眾生。

如果你了解這一點，就會避免掉進門戶之見的缺陷裡，因爲佛教有三乘：小乘、大乘和密乘。事實上，很多小乘行者完全否定了大乘的存在與眞實性，很多大乘行者否定密乘，很多密乘行者否定小乘或大乘，尤其是有一些大乘行者否定大圓滿法這個第九乘。我們可以看到這是個大錯誤，因爲這九乘中，較低的乘與較高的乘就像種子和果實一樣，每一個帶至下一個。雖然九乘看起來是獨立存在的，但是有密切的互依關係。大體上，九乘存在的理由是由於眾生的不同根器。

爲什麼要貶低其他乘？再次強調，這是因爲自己沒有眞正的美好德能、沒有足夠的功德，而且有深厚的蒙蔽蓋障。當我們被蒙蔽覆蓋時，我們會講一些非常愚蠢與不實的話語。

譯註

❶一髻佛母，藏名阿松媽，意即密咒護持母。梵名「誒卡扎提」（Ekajati），漢譯「獨髮母」或「一髮母」，此護法乃法身普賢王佛母所化，是寧瑪巴之主要三不共智慧護法之一，司護持出世間法之一切成就。一髻母，一面二臂，身青黑色或褐紅色，獨目居於額頭中央，獨齒尖銳有如普巴杵，牙尖向下，一髮撐天，頭戴五骷髏冠，獨乳居胸正中，右手高舉人屍，左手執魔心與豺狼，身披人皮衣，繫著虎皮裙，項掛五十鮮血人首，隆乳蜂腰圓腹，足以右曲左伸姿，威立於日蓮屍座上，故其形之特點皆表法身一體。承諾之事業為永遠保護佛法，利益眾生，尤其是大圓滿所有教法，大圓滿究竟之見地是唯一。法界唯一，般若唯一，所以一髮母之形象也都是唯一。只有一根豎立的頭髮，代表一切法無上，一切法最勝妙。一隻眼睛代表所見不執著，不二取。一顆牙齒代表切除一切煩惱、一切痛苦。一個乳房代表賜給眾生加持之甘露，沒有分別，一視同仁。擔任息、增、懷、伏四事業。

14

實際修持

持明王吉祥獅子顯化教導

<u>II. 實際修持，有兩點：A. 簡明解說無相的專注修持；B. 個別
解說修持次第與後得次第。</u>

<u>A. 簡明解說無相的專注修持。</u>

　　後來當我在明光境中見到持明王吉祥獅子（Sri Simha）❶
時，我問他：「大師啊，請指導我什麼是大圓滿道途？」

　　針對我的請求，他賜教如下：「大圓滿是輪迴涅槃的共同
至上基礎，輪迴、涅槃、道途這三者是在此至高法境內圓滿與
完善。對此自性有如是的了解即是『見地』。

　　對此原始最初至高基礎掌握確信與自力、在原處得到自悟
並使此證悟遍及，即是離依所緣的禪修。這就像與海洋混合在
一起的一滴水，會變成海洋而不會改變海洋一樣，或像瓶內的
空間與外在空間混在一起時，空間不會被修改，只是無邊廣大
的虛空。

　　假如一個瓶子被打破，內在的空間與外在的空間就會混合
在一起，不再是分別的，而只是遍佈虛空。在某種程度上，這
個內含空間的容器，這個瓶子就像我們的二元相對之心。當瓶
子破掉時，內裡的空間與外在的空間，也就是內在的本覺與外
在本覺，是沒有分別的，因爲所有的本性都是一樣的。這也像

兒子雖然與母親多年沒有見面，但是在見到母親時會立刻認出她來；即使是在人群中，他還是會認得母親的樣子，並跑過去擁抱她、跳到她的懷裡或膝上。此時，他們又再次地合一，不會有任何的懷疑。

雖然基礎心性與凡俗心沒有內外之分，這個內外之分割只是因為『我執』的關係。就如自然流動的水，由於寒冷的關係而結成冰；同樣的，自然解脫的基礎本性，只因『我執』的關係而創造了整個輪迴。

B. 個別解說修持次第與後得次第。

了解這個狀況之後，放下身體竅門的三種（好、壞、非好非壞）行為，什麼也不做，就像屍陀寒林裡的人如屍般住留。也放下語的三種行為，就像啞巴般住留。同樣的，放下三類心意，就像沒有三種外因污染（雲、霧、煙霞）的秋天晴空一樣，無修飾地歇息，即是稱為『平等住』。

心意的三類行為是過去、現在與未來的思維，也就是，對過去的回憶、對將來的預料與期望、在當下的情緒波動。三種遮蓋秋天的晴空是雲、雨與雷電。從大圓滿的修行來說，你需

要放下這九種身、語、意的行為；當你捨離這九樣時，你就是在平等的定境中，這就是定，等引或平等住。

放下這幾種行為，即是『放下一切（任運）』或『不從事任何活動（無作）』。無修飾的心稱作『超越妄念的心』。要點是對此如是自性獲得甚深確信。

而且當你在行走、坐下、動作、唸誦、說話、思考、從事任何行為舉止時，在所有時刻不失去視顯相一切事物為幻象的見地。藉著不失去本覺的覺照而達到禪定的確信。不讓行為舉止放逸，依據四種行為（行住坐臥身四威儀）來從事活動。你一定要依守這些要點直到死亡臨終為止。這就是超越凡夫思維的『自我解脫禪定』。

我們一定要試圖達到深度的確信，或是對這個法教達到甚深信心，這是以放下九種活動與達到深奧確信來了悟自性。至於見地、禪修與行為這三樣是同時修習的。我們要很小心，不要失去對見地的確信、不要失去對禪修的信心、在行為上不要失去謹慎和良心。在所有時刻與所有狀況內，視一切為幻象；而且禪修之確信是藉著維持著本覺來實證。假如你想知道這個見地、禪修與行為需要修習多久，你應該依賴這個精髓口傳指導，一直到死亡或者解脫為止。否則的話，你每一年都會問同

樣的問題。即使你活到一百歲，你還在問同樣的佛法問題。

　　超越思維的「自我解脫禪定」不是靠學問或智力而來的；你只有跟隨這些教導，才會達到這個境界。

III. 藉著行為舉止來加強，有三點：A. 學習不要顛倒見地或行為舉止；B. 解釋道上的歧途；C. 解說其他純淨行為舉止。

A. 學習不要顛倒見地或行為舉止。

　　行為的要點是，拋棄身與口的惡行就像迴避毒藥一樣，不要只專注在見地上，認為既然一切都是空性，不管怎麼樣，行為舉止都不會被過失所蒙蔽，這就是強調見地而忽略行為。一個人的行為舉止應該是平靜、柔和與謹慎小心，就像被帶到一位最高法官面前一樣。

　　這就是為什麼蓮花生大士說：「雖然我的見地像虛空一般地廣大，我細察自己的行為就像細數沙粒一般。」

　　從另一個角度來說，執著於身語意的三種善行，好像它們是淵博、深奧一般，會遮蔽純淨見地與禪修。假如一個人一生只花費在累積輪迴的世間福報與善行上，這就像被金子做的鎖

鏈綁著一般。不要強調行為而忽略了見地。一個人應該要像一隻在雪山上的雄偉威嚴雪獅般，沒有任何的肉食野獸能制服牠。

　　不管你在修什麼法，假如你著重在方便法門上，認為這就是最終的果位的話，你就不是在累積到達解脫的功德；你不過是累積到更高投生的功德，也就是導致善道的功德。當一隻雪獅坐在曠野中，牠自然地鎮壓所有其他野獸，牠們都不敢過來，因為牠們知道雪獅是王。

　　特別是如果一個已經了悟空性的人，聲稱慈悲心需要從別處禪修而來，這只是追尋已擁有的。這就是所謂雖然已擁有水，還說需要到它處尋找水濕；雖然已擁有火，還說需要到別處尋找溫暖；雖然已有風，還說需要到別處尋找涼風。對輪迴涅槃是至上空性有確信時，輪迴涅槃的純淨平等性是以無上慈悲心顯化。

　　空性的本質，事實上就是慈悲心，空性和慈悲心是同一個本性，不是兩樣。這是我們了解絕對慈悲的方法；一旦我們了悟空性，慈悲自然就在內。如此的行者，自然地實證利他心，不需要另外再去培養慈悲心，或尋找生起慈悲心的方法。如果

一個人還在尋找生起慈悲的方法，表示他對空性根本沒有了解。因為絕對慈悲不可能以他物而生起，一定是在空性的了悟中，這是它的源頭。

一旦一個人在見地與禪修的要點與方式被如此指引並了解後，他決定單只是這樣就夠了；如果他還是執著於輪迴世俗的活動，並在貪愛與厭惡中虛度一生，那麼，他所有的見地與禪修都會被輪迴的活動與行為壓倒和遮蔽。

一旦你得到精髓口訣，教導你如何確認見地並以禪修來維持這個見地時，你不能只是有了理解後就停止修行。你一定要達到證量，擁有完全不動搖與不退轉的信念，也就是說，完全斷絕所有的疑慮。否則的話，你還是會被輪迴的活動和糾結吸引和牽連，這就是所有虛偽行者的缺點。這是因為輪迴對你還是有吸引力，因此你所有的行為都是以貪愛、厭惡或漠不關心的中立態度來對待。這樣的話，你就浪費了這一生；本來你有機緣可以達到解脫，但是你寧願把大部分的時間花費在世俗活動上。到最後，你的見地和禪修完全被覆蓋，因為輪迴的迷惑活動壓制了見地和禪修。

事實上，一些行者修行很多年，或甚至閉關一段長時間，他們已經確立見地與禪修，這都是因為他們在這一世已經累積

了很好的業力，所以才帶來了這種吉祥因緣。他們曾經遇到很多偉大的上師、得到直指口訣、也達到某種程度的了悟，雖然不是解脫。但是假如他們還是著重輪迴活動，那麼這些世俗活動會壓倒他們的見地和禪修。開始時，這是非常微細的，但這個持續下去的話，他們的一生就會快速地過去了，他們就浪費了解脫的機緣。

這是因為一個人沒有每天好好的禪思四聖諦❷和轉心四念❸，這些是見地的一部分、禪修的一部分。它們必須是見地和禪修，不然會有問題。這個問題就是龐大的輪迴會壓倒見地和禪修。如果你認為自己了解佛法，不管你的證悟有多高，你必須了解，只要你還在這個世界上和還有肉身，你就會有這個問題。

一個修行的完美例子就是達賴喇嘛，雖然他是一位偉大的領袖、熟讀經典和密續，但是如果你有機會跟他見面，你就會發現他是你可能會碰到最謙虛的一個人。當別人向他走過來時，他實際上會把身體鞠躬下來；他穿著簡單。他完全沒有沉醉在輪迴中，而且關懷他人勝過自己，這就是一位偉大上師的徵相。

另一個例子是敦珠法王。他也是穿著簡單，行為舉止都不擺任何架子。不認識他的人，也許認為他只是一個什麼都不懂的老人。但他是蓮花生大士在這個世界上的肉身、西藏嚴藏法

中一百零八位最偉大的伏藏師之一、印度八十位偉大成就者之一、這一賢劫的第一位佛、是這一位勸請（一千位王子廣大發心利益佛法，後得成就）降生於這一劫中的一千位佛，也是釋迦牟尼佛的上師（敦珠法王第一世——具力金剛：是賢劫千佛之根本上師，千佛皆由所勸而發心）。如果你有緣研讀他的生命以及他的著作，你會一絲疑惑也沒有地了解到，他是誕生在這個世界上最偉大的證悟者。即使如此，我們必須學習和引為模範的是，他是那麼謙卑的一位佛法行者。

　　我們一定要學習謙卑。假如你覺得只有大能量或排場的人才會讓你信服的話，你就完全錯過了要點。我們不應該說：「我是達賴的朋友」、「敦珠的朋友」、「敦珠的弟子」，而不肯說敦珠仁波切的弟子。這就表示你忘了他們的德能，因此你是受制於五毒。我曾經聽到一些美國學生說：「我告訴噶瑪巴他做錯了一件事」、「我告訴達賴喇嘛他錯了。」問題是，他們認為自己有條件去教導佛。所以，我們絕對不要這樣子。如果我們想要好好地往佛法道上前進，就應該控制自己。我們不需要控制別人，只要看清自己。他或她好不好，與我們無關。只有自己的事才是我們該看守的。望向自己，不必把手指頭指向十方；這不關我們的事。請你們盡量做到這一點。

　　身為一位佛法行者，很重要的是，我們一定要時常檢視自己有沒有被輪迴壓倒，或者見地和禪修有沒有被輪迴的世俗活

動所顚覆。針對上師和轉世的上師，不管是高或低，也是一樣。世間八法 ❹ 是非常眞實的。甚至釋迦牟尼佛在菩提樹下證悟之前，也需要降伏四種魔。一直到祂戰勝了這四種魔，把它們完全清除了，祂才成爲一位圓滿證悟的佛。

這四種魔是什麼？象徵什麼？對我們有什麼意義？這些障礙是可以完全把我們帶離解脫之道，即使在最終境界之前。甚至一位高深的行者也是一樣。實際上，越往上修越困難，因爲魔障也越高。而與佛的差別是，佛成功地降伏和去除了這些魔障，但是很多行者沒有。

有兩種方法來看這些魔。針對一位比較高深的行者來說，是色魔、無色魔、煩惱魔和妄念造作魔。當一位行者體驗很多情緒上的波動、很多身體的病痛和折磨，以及很多妄念的增生時，我們可以肯定地說這絕大部分是魔障。魔障是欺妄展現，雖然看起來很眞實，但如果我們曉得如何克服時，事實上魔障並不是眞的。

有很多故事敘述這些魔障如何在行者修行時生起。有一個記載是關於偉大成就者那洛巴（Naropa）。那洛巴是一位有全知的上師，能夠看到弟子將來會發生的事情。有一次，他的一位弟子預備要閉關，這位弟子說：「我要閉關直到證悟爲止。」這表示他不到證覺不會出關。那洛巴看出這位弟子有可能達到這個目標，但他也看到這位弟子唯有沒有魔或障礙才會

成功。但是任何時候有行者想要做一些好事時，這些魔就很高興；它們等在那兒，做好準備看哪一個魔能最強力地戰勝這個人的心。

這四個魔集合在一起商討後，決定煩惱魔最有利；這個魔是針對一個人對享受或樂的愛好。因為它們覺得這位行者太聰明，遲早會看出其他三種魔障，因此不會有效。

行者進入閉關後，開始有一些夢。魔以本尊相向他顯現說：「在很短時間內，你就會得到修行成就（悉地）。你兩種悉地都會得到。」之後，這個魔以空行母相向行者顯現，給他很多關於證覺和以後會做的偉大事業的預言。在這個行者閉關的時候，每隔一陣子，他都會讓其他人來看他，他們會帶很多的食物和供養等來給他。所以他開始對自己說：「這些預言和徵相一定是真的。」但是他還是不太確定，因為他還沒有到那個程度；但是徵相都在，所以他開始認為這是真的發生在他身上。

過了一段時間，他又有另一個夢。魔以空行母相對他說：「有一個女人會出現，她就是你的雙修佛母；她是一位空行母。這就是你證悟前的最後一個階段。」這位魔也給了很多的預言表示這是多麼地吉祥。行者心想：「噢，這就是了，看看她會不會真的出現。」很多天過去了，但是沒有任何人到來；然後有一天，一位女人真的來了。她是一位非常美麗的年輕女

子，帶了一件白色綿織的衣物供養他；她向他禮拜，並要求他
給予她直指口訣的教導。

　　行者心想：「這一定是她了。她一定是被預言的那一位。
所發生的這一切，是眞的吉祥。」這位女人非常美麗，而且對
他的態度是非常誘惑和富有魅力，他們之間也有性欲的吸引
力。雖然他開始教導她，但是不久後他們就發生了關係，並熱
烈地談起戀愛。他們的熱戀導致他們形影不離，所以她就乾脆
跟他住在一起，成爲正式的一對，因此他開始減少修行。人們
開始發現有個女人與他同居。一段時間後，他們兩人都必須出
外去找工作，因爲在別人心中，他只不過是個跟平凡的女人同
居的人而已，所以不再給他任何供養。慢慢的，連那個區域的
國王也在講他的壞話，很多人都對他有不好的想法。最後，他
完全不修行了。

　　這個故事指出魔障的意思；在這個世界上，任何帶領我們
離開純淨佛法修行目標的事物，都是魔障。目前這個故事所指
出的是煩惱魔，也就是說，由於憂慮、恐慌或需求的關係而執
著於任何事物，這包括你想要住的房子、任何物質產業、任何
享樂等等，一旦它們掌控了你，你在道上前進的方式便再也不
會一樣。

B.解釋道上的歧途，有兩點：1.辨認修持體驗的歧途；2.解

說障礙生起的歧途。

1. 辨認修持體驗的歧途。

　　行者心識與心相續覺的禪修體驗會與以往不一樣。樂感會導致投生入欲界天。明燦清晰感會促使投生入色界。空白的體驗，如心太往內收以致無任何思維、沒有反應、無法記憶、無知覺，就像深睡時一樣，會促使投生入無色界的四層天❺。對空性的見地沒有熟悉，一個人以智力判定心是空的，單只是因為心無法被指證為一個實質的物體，因此他專注在此空無之境。這樣的見地促使他投生入輪迴的頂點，轉生為無想天神。

2. 解說障礙生起的歧途。

　　同樣的，也許將來會有各種擾亂。外在擾亂是，在一個人的感官意識裡鬼神的顯現、凶兆與不祥跡象等等。內在擾亂是，身體病痛與各種的疼痛。祕密擾亂是，心靈上苦樂無規則的生起。假如一個人了知這一切禪修體驗的龐大假相是一種過失，並對此達到確信證量，它們會自然消失得無影無蹤。假如把它們執著為實有，並以希望與疑慮來確認它們，則非常可能會引發致命的狀況，如瘋顛、痙攣、昏迷不醒等等。執著於鬼

神的顯相會導致一個偉大禪修者退爲一個平凡人。」

　　說完後，他就消失了。

　　此處，有另一個詞語，擾亂或障礙的生起（slong）。外在擾亂，是當你看到神或鬼等，例如在修施身法時，你會看到鬼神好像是眞的一樣，就像你看到其他人一樣。或者在閉關時，你會有不好的徵兆，以致你認爲一定要離開閉關。任何於外在客觀環境中所生起的障礙，都是外在的色魔或客觀魔障以物質顯相顯現。當這個發生時，是很難認出來的，因爲你必須是一位幻化瑜伽的行者，才能立刻認出這些都只是幻象，並持續修習下去。

　　內在擾亂，是各種疾病、病痛或身體的不舒服沒有理由地生起。你也應該不要給予它們任何的能量，而指認它們爲完全的幻相。這個內在擾亂就是無色魔。

　　祕密擾亂，是心思和情緒的不穩定。這一切也應該視爲欺妄體驗，確認它們爲幻化的顯相，不被它們掌控，它們就會自然地解散。它們就像空中的雲端一樣，一刹那前還在，一刹那後就不見了。這是因爲它們都只是假相，並不是眞的；所以認出這一切的眞面目，是行者各人的責任。

　　假如我們沒有這種問題，就不需要心理醫師，我們就可以快樂，因爲我們不會：「我很生氣。」「我很高興。」「我很沮

喪。」輪迴中的一切，不管是正的、負的、好的或壞的，全是我們自己的影子，也就是說，我們的現象。這些什麼也不是，只不過是我們的創造和造作而已。所以，了知各種問題是我們自己的現象，它們並沒有什麼大不了的，這樣的話，我們不會繼續製造更多的瘋狂和神經。雖然我們說：「它們沒有什麼大不了。」但是說完後，還是沒有放棄對它們的執著。我們跟隨它們，它們也跟隨我們；如此，這一切看起來好像是主觀和客觀一樣。但事實上，只有主觀的體驗而已。

另外是，當我們親見本尊或本尊顯現並對我們說話時，假如我們執著這些經驗為真實的，就會導致一個好的行者淪為一個普通人。

譯註

❶師利星哈，又名吉祥獅子，原名宋惠壽，生於中國。父名紀儀微，母為郎沙華饒都親瑪。尊者早年修杜多德（苦行），十五歲時跟隨哈呢巴那大師學習因明及聲明等共同明者三年。大悲觀世音菩薩在空中現身授記對他說：「你若欲得有福之果，可到印度屍林疏沙陵去。」因此，尊者先到五台山向啤那機德大師聞受一切內外密乘法，甚得領悟，於是出家為比丘及經師。

三十歲時修禁行律儀，並前往印度，叩見上師蔣巴喜寧，請求賜予教法，隨後成就而不願離開。上師很高興，於二十五年依止修行中，授予一切口訣與隨行教誨。後來上師蔣巴喜寧化光蘊身示寂，尊者發出痛苦之哭聲，蔣巴喜寧的身體即在空中顯現，並給他一個寶篋，表示圓寂後之最後口訣，尊者因此得甚深了義之定解。

大師後從金剛座下取出所藏密典，並到中國將大圓滿口訣教法分為四類，即 (1) 外類，(2) 內類，(3) 密類，(4) 無上密類。前三類是編集戲論之義，編成後密存於菩提寺。然後按照空行母所給的諭示，他把無上密封藏在吉祥萬門寺的柱子裡，而且他以祈讚將之封藏。他自己則住在西京的一處大屍陀林，修行贏得凶神惡煞的尊崇後，進入了禪定。他也是最早成就大圓滿法的漢族人，是大圓滿法的三祖。他在五台山修持，後來獲得成就，之後還到印度那爛陀寺繼續修學，得到圓滿成就，許多大圓滿法的傳承都由他而來。

❷四聖諦，梵語 satya，意為真實的道理，即真理；古漢語「諦」字原義是審知事物的內在涵義或者意義。四諦概括了兩重因果關係：集是因，苦是果，是迷界的因果；道是因，滅是果，是悟界的因果。這是從表面現象到深層原因的逆推過程。反過來說，就是修道除惡、滅貪瞋癡，就可以避免痛苦，脫離輪迴。

釋迦牟尼佛於菩提伽耶菩提樹下成道後，至鹿野苑初轉法輪，即為憍陳如等五位賢者宣講了四聖諦，五人各有所證悟，而求出家成為五比丘僧。

苦諦：根據對現實的深刻觀察，佛總結出人生的八大痛苦：生、老、病、死、愛別離、怨憎會、求不得、五蘊熾盛。世間有情悉皆是苦，有漏皆苦，即所謂「苦諦」。說明世間有情悉皆是苦，即所謂有漏皆苦。

集諦：人因無明，而生出種種欲望與執著，業即聚集為業力，業力集結成業果。妄想、惡業造成苦果之原因，此為集諦。之所以有這種種痛苦，是因為有產生痛苦的根源，主要是貪、瞋、癡三毒，這就是「集諦」。造成苦的原因，粗分貪、瞋、癡三毒，從廣則有「十使」（五鈍使（見惑）：貪、瞋、癡、慢、疑。與五利使（思

惑）：身見、邊見、邪見、見取見、戒禁取見）。推至最後，眾生的本心為「無明」所障蔽。

滅諦：滅者，消除一切苦惱。要知本來無我，即不起惑、不造業，輪迴於此絕斷，生死之苦由此解脫。要想去除痛苦，就要消滅產生痛苦的原因：貪、瞋、癡，這就是「滅諦」。佛陀還列舉了這些痛苦，其中包括內六處、外六處、六識、六觸、六受、六想、六思、六愛、六尋、六伺，並提出了相應的止息。這些痛苦的止息也稱為涅槃，即明集諦理，斷盡煩惱業，則得解脫。

道諦：即滅苦之道，由滅苦達至涅槃之道，此為佛家之實踐修行論。必須要去修八正道，諸惡莫作，眾善奉行，這就是「道諦」。隨順趣向涅槃之道。（以上資料截取自佛教網站和維基百科）

❸**轉心四念：**（見敦珠法王新伏藏四加行儀軌）
　　　敬禮 無妄永恆依怙遍智之上師
　　　圓滿有暇珍貴人身極難得　　一切生者生命無常終歸死
　　　善惡業之因果定無誑　　　　三界輪迴本是大苦海
　　　念此願我心趨向佛法。

❹世間諸法、略有八種。一、利，二、衰，三、毀，四、譽，五、稱，六、譏，七、苦，八、樂。這八法是世間的人所愛、所憎，能煽動人心，因此以風為譬喻，又叫作八風（出於《大方廣佛華嚴經疏鈔會本》卷）。分述如下：
　　一、利：事業成功，順利通達的感受。
　　二、衰：事業衰敗，感到頹喪。
　　三、毀：聽到人背後毀謗，難以忍受，心存怨恨。
　　四、譽：聽到別人背後褒獎，沾沾自喜。
　　五、稱：聽到人當面稱讚我們，感到歡喜。
　　六、譏：聽到人當面責罵譏諷我們，感到羞辱生氣。
　　七、苦：各種煩惱逼迫身心，感人生為一大苦聚。
　　八、樂：身心適意時，人生快樂的享受感覺。
　　這八種順逆外境如風，時時吹著，使我們一輩子的心情難以平靜。所以需習善法，親近善知識，建立正確的見地，以智慧達到不隨境動心，所謂「八風吹不動」的境界。

❺無色界天

　　以無色身、唯存意識身的形式存在，分為四類：空無邊處天、識無邊處天、無所有處天、非想非非想處天。與欲界、色界，共稱三界，即指超越物質（色）的世界，厭離物質之色想而修四無色定者死後所生之天界。謂此界有情之生存，固無色法、場所，從而無空間高下之別，然由修行果報之勝劣差別，則分為四階級：1. 空無邊處，為四無色處之最初階段。初修無色定，必厭棄物質世界，一心思惟無邊無際之空觀，使心與無邊之空相應，這就是所謂空無邊處。2. 識無邊處，從厭棄外界物質世界的質礙，進一步修習內心心識，以心與心識作無邊無際之觀。此即為識無邊處。3. 無所有處，既否定外界物質的質礙，又否定內心心識，唯思內外一切無所有。以修此無所有觀而得生天之果報，即無所有處。4. 非想非非想處，又稱非有想非無想處，指此天之修行已到極靜極妙的境界，已無各種粗想而稱非想，又因其想未絕，尚有細想，所以為非非想。天在此作境界解。由於屬於天界，所以各處以天為名。（以上取材節錄自維基百科）

15

解說其他純淨行為舉止

見宿般若名稱尊者顯化教導

C. 解說其他純淨行為舉止。

又過了一段時間，在自顯勝義密嚴淨土的屍林烈火燃燒境內，我見到足瓊些熱扎帕（Zurchhung Sheyrab Dragpa）❶。我向他請示：「啊，上師，請把心性的精髓口訣簡明地授予我。」

「勝義密嚴淨土」（Ultimate pure realm of Akanishtha）是最高的淨見境界。敦珠林巴知道這不過是他自己明光的淨觀而已。

針對我的請求，他賜予以下的回答：「上士啊，無數劫以來的善業資糧、誓願與福報都聚集在你身上，聽著！如果你希望達到全知佛的境界，在所有行為舉止上，以不懈虔敬來尊崇侍候上師；學習以不斷慈愛心與淨見來對待同師弟子；以大慈悲心來為眾生的解脫與全知境努力；經常想起一切組合事物的本性都是無常；放下所有世俗活動；在無作之境歇息。這些教導是所有教法中最珍貴的無上精要。

以下是三要點：不要忽略與浪費直指口傳，這是對上師的最殊勝侍候與供養；不要表裡不一地守護三昧耶戒，這是維護本尊與護法的神魂石；將心與佛法結合在一起，這樣死亡時沒有任何遺憾。

　　守持誓言與戒律就如維護性命，這是針對禪修者不會退轉為平凡人的要點；對感官的妙欲對象要知足，這是不受不良感官對象欺矇的教誨；了解輪迴是沒有本質的，這是斬斷對貪愛與厭惡有所執著的教導。

　　上師是一位給予你灌頂、傳承或教導的喇嘛，最珍貴的是他給的直指口訣。我們有很多虔敬和服侍上師的方式，但最殊勝的是實證他所授予的精髓口傳。不要有些時候守，而有時不守誓言；因為誓言是所有本尊和護法的生命力，只要你守持誓言，他們就會守護你，否則他們就不會在你的身邊。我們可以受用各種可以滿足感官的客境，但是要適可而止，不宜執著。但是針對佛法，直到證悟為止，我們應該永遠不要滿足。

　　就像盤香燃燒的迂迴旋繞，了解世間事物是永遠做不完的；這是終止這些事情與活動的直指口訣。

IV. 實證果位的方式，有兩點：A. 果位的最終解脫真實次第；B. 無誤解說分辨要點的口訣。

A. 果位的最終解脫真實次第。

首先，依靠訓練與守戒來達到了解。接下來，藉著細察與分析，了悟的體驗會在自心中出現。但是單只有理解與了悟不會帶來解脫，例如，單只有食物但不吃它就不會飽滿。放下各種活動，並藉著禪修之力，在原處達到穩定。就像天明時就不會有黑暗，當本覺是連續不斷與沒有極限時，這即是在本覺的原處達到證量確信。

但這還不是成佛。直到整個組合顯相窮盡法性，連些微輪迴之心的染污都沒有時，這才是包含一切的至上廣大無限法界，只有在這個時候才算達到解脫境。這時沒有客觀顯相，因為連最微細的所知障也被淨化。在掌握最高如所有智（實相如是本覺）與盡所有智時，一個人會在三身平等顯化的法身虛空成佛。

B. 無誤解說分辨要點的口訣，有四點：1.「凡俗心」與「本覺」的辨別；2.「意」與「般若智」的辨別；3.「識」與「根本智」的辨別；4.「阿賴耶」與「法身」的辨別。

1.「凡俗心」與「本覺」的辨別。

善男子，『凡俗心』的特徵是，對基礎本覺的無明（沒有了悟），而且是以生滅之妄念而彰顯此無明。『本覺』的特徵

是，基礎被實證，而且是以至上原本自性顯現。

　　『基位本覺』是對基礎實相的了悟。『道上本覺』是指了悟法性的覺識是清澈與無玷染的。當這兩樣同時發生時，這就是『遍佈本覺』，也就是『大圓滿』。

　　當你能夠確認「基位本覺」時，這就像本尊修行裡的第一個三摩地。「基位」是精髓佛性，「道」是認出此精髓佛性。雖然它們看起來好像是分開的，但實際上「基位本覺」和「道上本覺」不是分開的。兩者的合一就是大圓滿。

2.「意」與「般若智」的辨別。

　　能覺察到妄念增生的一切顯相之覺識即是『意』（yid）。顯相不斷地以六境❷生起之處即是『意識』。

　　輪迴涅槃的自性是至上空性，對此有如是的了悟時，這就是『基位般若智』。當此原始無玷的無礙開闊本性被直接指出時，這就是『道般若智』。當這兩個會合時，這就是『遍佈般若智』。

　　此處的智慧不是原本智慧，般若智是覺識的很高認知狀態。「基位般若智」是心識有意地去了悟這個基礎，所以這是

一個被培養的境界。當此唯一的自性，也就是輪迴的空本性，
被指出並以智慧來維持時，這就是「道般若智」。這不是無構
造的原本智慧，而是以心意來維持著對空性的認知。當輪迴的
空本性（基礎）是不斷地被確認時，也就是當這兩者會合時，
就構成一個遍佈的智慧境。

3.「識」與「根本智」的辨別。

　　『識』是指妙欲顯相不斷顯現之處。『業風』是指把顯相執
持為實質的妄念。當粗細意識同時具備時，整個輪迴就會現起。
　　當法性如來藏的自性，是法爾如是地了悟，這就是『如所
有原本智』。在法性的真如本性被實證時，也同時能無礙地觀
照到與知曉一切事物的，就是『盡所有原本智』。當這兩個是
同時具備時，這即是『本淨平等性智』。

　　這兒講的是原本智慧，不是覺識的很高認知狀態或般若
智。當「如所有」和「盡所有」的原本智慧是同時顯現時，這
就是絕對和世俗的大平等性。

4.「阿賴耶」與「法身」的辨別，有兩點：a) 實際的辨別；b)
要義略說。

a) 實際的辨別。

　　由於對基礎無明，一個無記之境會現起。就像在睡眠時，各種夢境會顯現，從此阿賴耶的虛空中，無數業力風息在推動。這就是整個輪迴的基礎與根源。當一切組合顯相突然被淨化，融入離於妄念造作的法性──此輪迴涅槃至上平等性中，這就是廣大開闊的法身普賢如來佛。

　　善男子，水中月以及所有水裡的映像都只是水的展現，它們都不離於水。宇宙與內涵的器世間和有情世間都是虛空的展現，他們都不離於虛空的本性。整個輪迴涅槃都只是法性的同一展現，而且是不離於法性。

　　如是，當基位法身（chho-ku）至上甚深清澈被實證時，輪迴涅槃的純淨平等性，即是本質的『法身』；原本覺性和勝妙功德，即是自性的『報身』；無蒙蔽遮蓋的自明，慈悲心對應即是『化身』。這些顯化都是『最終實相』。對基礎原始清淨本質的無明，即是『一切普通經驗的根基』。『世俗真理』是動能，尋常心識活動，是從無明導向外的光華而顯化。

b) 要義略說。

　　如此，你應該要對這些展現、總括、遍佈與滲透性的所有

方式與性質有所了解。法性是以自性現前；下決心在此基礎自性中住留，這個超越智力、除了是無限開闊的法性以外，什麼也不是的不可言傳至上自性中住留。

我們必須了解，絕對眞理和世俗眞理是如何顯化、變得束縛、遍滿和普及。因爲法性是唯一自性，此超越智力的自性是擁有七種屬性的不變金剛，除此以外，它不存在爲任何事物。

不要怠惰，以極度精進來禪修，直到得到『一切種妙智』的殊勝根本智爲止。」說完這些話後，他就化入法界。

第三：談論後義

以上的主文是應佩瑪龍陀伽措（蓮花教證海 Padma Lungtog Gyatso）和千熱伽措（般若海 Khyenrab Gyatso），兩位有多生緣分與祈願的轉世上師的懇切請求；我，扎東敦珠多傑周洛（Thragtung Dujom Dorje Dolod Tzal 飲血摧魔金剛具力遊戲），從廣大虛空寶藏的幻化展現中揭示此法寶。空行母預言這套法將會有六十八位聖者法寶主擁持守護；依據蓮花生大士的指示，這是此吉祥緣分的第一次。我的聖賢兒子索南天津－福德持教（Sodnam Tandzin）（現世多竹千仁波切的前一

世）是一位練達的學者，是他認真仔細地校正這個文稿。

「這個吉祥緣分的第一次」是指，這「六十八位聖者法寶主」的前兩位 —— 佩瑪龍陀伽措和千熱伽措。這就是傳承的開始，敦珠林巴是先傳給這兩位轉世上師。這表示未來還有六十六位法寶主。

現世多竹千仁波切的前一世（第三世）是記載這個法寶的書記。

譯註

❶宿般若名稱尊者（1014-1074），寧瑪派傳承大師，曾賜予敦珠法王精要之竅訣。

❷六境（六塵）

　　塵是指世間一切因緣而產生的事物和法理等等，有動搖、染污的意思。因為這些不斷變化、動搖不停的塵染污了六根。其中：眼所見者為色塵，耳所聽者為聲塵，鼻所嗅者為香塵，舌所嘗者為味塵，身所覺者為觸塵，意所分別者為法塵。

　　六根、六塵（又稱六境）合稱十二處（又稱十二入）。六根（界）、六塵（界）、六識（界）合稱十八界。

　　根、塵、識三者同時發生作用，根塵相對而識生其中。以眼、色、眼識為例：眼見色時，塵（色）是所見，識（眼識）是能見，根（眼）是識所依託而生見。

　　第七識是意識（第六識）所依的根。第七識（末那識）專執第八識（阿賴耶識）的見分為真我，致成我執，由我執發生意識，而見有萬法，故六識以七識為根。（以上取材自維基百科；《百法明門論纂》卷1；《楞嚴經義疏釋要鈔》卷2）

後記

（敦珠仁波切無畏智金剛撰寫）

　　這個以《淨化顯相》聞名的漸次教導，是以「立斷」來揭示原始清淨大圓滿爲偉大的基礎自性。

　　此後記是敦珠法王所寫的。他說這個以《淨化顯相》聞名的直指教導，實際上是大圓滿傳承裡「立斷」的基本開示，也就是確認空性的見地。這個法寶是爲了這個理由才被尋出。

　　雖然我過去世的長子多竹千，很明顯的曾經作過一些修正，但是流傳到現在的原書，還是有很多錯字。

　　這是因爲原書被抄了很多遍，所以那時的版本有很多錯誤。

　　因爲福德國王塔吉採旺瑞金南帕珈哇（塔吉壽自在持明勝利）的發心請求與功業，目前版本的修正，是以法身舍利的無窮寶藏來完成法布施。當我被邀請住到啞蹼區如意宮的佛堂時，我仔細詳盡校對並爲修正過的原書做好木刻版。我，無畏

原智金剛（吉札伊喜多傑），自認爲是偉大夸魯喀飲血尊持明轉世的幻化舞者，完美地完成這個修正的工作。

願這個大圓滿的明光教導，帶給無數有緣待調伏的幸運眾生大利益，並願此教法成爲他們於內在法境的原始基礎裡得到解脫的一個因緣。吉祥圓滿！

針對這套法，我的講解是直接從原文來的；這是崇高的大圓滿大師敦珠林巴的嚴藏法寶，他也是蓮花生大士的肉身和三乘的持守者。所有預言裡都提到過他，就是從心傳、示意傳承和口傳。以這個原文來教授的理由是，這個揭示是從這樣的上師來的；這樣上師的條件是完全沒有疑問的。因此，我們可以確定，這樣的加持非常新鮮與直接，而且是一點問題也沒有的。我們也不必擔心，這樣的上師會說誑語。

我希望學生可以得到這套法的眞正加持，所以我盡量少給自己的解說。因爲我不是一位學者，所以我的詮釋可能會有錯誤。將來，你們有緣碰到一些有學問的學者或行者，可以問他們問題，這樣可以確保你們得到的是沒有錯誤的。你們應該問那些跟隨過敦珠法王的喇嘛，那些是他親自教導的喇嘛，而不是那些自稱自己是學者或自己得到某些學歷資格的人。

因爲此處（說法處）桑塔費的寶塔是屬於父子的，父親是敦珠林巴，也就是（第一世）敦珠法王，兒子是多竹千仁波

切；或者可以說，父親是多傑卓絡（忿怒蓮師），兒子是比瑪那密札（無垢友）。因此，這是一個非常吉祥的地方。因為我們正在聽的法是屬於敦珠林巴，我想以兒子比瑪那密札的證悟著作之一來講解，這是多竹天配尼瑪非常有名的著作，是針對轉化逆境與福報為道途。多竹天配尼瑪是第三世多竹千仁波切，也就是目前多竹千仁波切的前一世。

我們在這個世界上會有兩種經驗：逆境與福報，當我們試圖把日常生活的體驗帶到佛法道上，我們實際上是在善用這兩種經驗。我們是在平等地運用這兩者所帶來的益處。如果你是一位佛法行者，這就是你會修的法門，這不是針對非修行者。不然的話，你何必費心去把逆境與福報帶到修行道上。你會把它們帶到佛法修行裡，就表示你有一個修行之道，這個就是你的生命。

我們應該依據卡當帕行者的態度來修行；當我們生病或不舒服時，我們應該感到快樂並慶幸與欣喜有機會來淨化障礙。我們應該心想：「這給予我機會在逆境中學習忍辱，我為此而欣喜。假如我因此而死亡，我還是會高興，因為這表示這個妄念的障礙會消掉，而且這個妄念所帶動的輪迴業力也會被消融。但是假如我是健康的話，那也很好，因為藉著這個健康的身體，我可以持續在此通往解脫的修行道上前進。不管怎麼樣，我都開心；這兩樣都是等同的。」

　　同樣的，這些卡當帕行者把自己的快樂跟他人的苦痛交換；這是以摒棄輪迴來成就，不像我們還是非常執著於輪迴。這又顯出拋棄輪迴與培養修行道上眞實德能的重要性。

　　當他們快樂時，他們會認出這是因爲過去所累積的功德；他們的任何快樂與歡樂的反應是：「啊，這是我過去所從事善行的『因』所帶來的『果』；這是從三寶的慈悲與加持而來的。」他們不會想：「哇，我是最了不起的人。這個福氣是因爲我是多麼棒的關係，所以我才會如此幸運。」後者只會認爲是自力而來的，這表示他們必須繼續累積更多的業力。因此，他們會更努力去製造更多的「因」來帶動更多這類的「果」。

　　我們如何把物質財富與產業帶到道上？卡當帕行者會說：「如果我沒有財富，我會開心，這樣也好，因爲就不會有貪愛、厭惡和財富所帶來的麻煩與糾紛。但是如果我有產業與財富，我還是會開心和滿足，因爲我有機會以供養和慷慨的布施來累積功德。我要麼可以把它們運用在修行上，要麼可以欣喜沒有它們，以免它們替我的修行製造障礙。」

　　以上就是這個教法的要義，我只是給了大概的要點；這是一本極好的論題。我這次提到這本書，是替你們與這一世的多竹千法王結緣。

　　我們這次大部分的時間都是花在大圓滿的教導上，我希望這會對你們有益。事實上，這是眞的，大部分的美國學生是大

圓滿的適當容器，但這與你們的修行有多少有關。因此，你們應該真正地修行，而不是只是聽了法後就不理會修行。這樣，你們才是在為自己與所有其他眾生從事一件有意義的事。

　　我曾經在洛杉磯傳授這個法，之後，那些學生時常聚在一起，研讀、討論與禪修所得到的法。你們也可以這樣地以讀書會來互相研討、幫助與共修。

　　現在在這個最深奧法教的結尾，請你們所有人思考該修習的要點來實證「立斷」的見地。第一，人無我和顯相無我（法無我）。第二，輪迴和涅槃的一味。第三，空性，也就是說，了解空性為金剛的七種屬性。第四，自發現前，所有勝妙功德和原本智慧都已在我們自己的佛性中，而且是在這個自性中自發地圓滿完善。

　　請復習你們的筆記和盡力依據教導來修習。如果你好好修行，這些法一定有大利益；如果不修，就不會有任何的益處，你只是在浪費時間。

　　我們應該仔細思索蓮花生大士的一些珍貴忠告，因為我們不可能把佛法的八萬四千法門全部學習。很不幸的是，我們的生命並不是那麼長；我們應該只要了解一點來吸取佛法的精要，並藉著對此一點的修習與了悟而達到解脫。否則的話，當我們試著學習太多東西，我們往往連一樣都沒有了悟到。如果你往十方走動，你只是在品嚐不同的東西，什麼都學不到。

　　這些法是本初佛的心血，可以帶領我們在這一生以這個身體來達到證悟，但是單只有聽聞是不夠的，我們一定要修行。在修行時，我們應該以毗盧遮那佛的七支坐姿來禪修。得到這個程度修法的學生應該是已經捨棄輪迴，所以我們不需要花太多時間去思考這一點。反之，我們應該發願為了引導所有眾生到達這個本覺的境界，現證原始佛的面目。有了這個發心後，我們會覺察到根本上師就在身旁，還有他不斷的慈悲心，而且他就是蓮花生大士的肉身。我們以禱告和信心把自心與上師的心融合在一起。

　　當我們進入無二之境時，我們無法在此境界中待太久，因為我們的心會立刻變得擾亂、身體也好像在疼痛，而且心像一隻猴子一樣。在這樣的心境中住留，並不是在上師的無二心境中住留，這是禪坐在妄念造作中。如果你禪修時是跟隨著這樣的心，然後把它帶回來，之後它又散失，你就一點進展也沒有。這就是為什麼，基本上我們的成就不會超過目前的輪迴經驗。你一定要認出：「這就是妄念造作、迷惑之見。我受夠了。」然後，你心想：「現在，我要在本覺中歇息。我已受夠了這個妄念造作的心念。」

　　你如何在本覺中歇息？本覺是非常清澈、明燦與開闊，沒有任何的阻礙，而且它的自性是樂，但是沒有對此樂的任何執著。本覺沒有任何的實質性或對象。這個不斷的狀態普及和普

遍於整個輪迴和涅槃；本覺無所不在。從無始以來，它就從來沒有與你分開過。這個本覺是沒有任何活動、感覺或迷惑顯相。當你確認本覺時，你無法以言語來表達；這就像一個又啞又聾的人，無法告訴任何人昨晚美妙的夢。本覺和覺照者之間是沒有分別的。在這個偉大開闊的本覺中，你只要歇息與安逸就行了。

以前我們像猴子一樣的心，就像在空中出現後又消失的雲層，不停的讓我們分心。但是在本覺中，這些妄念自然地消失；就讓它們消散。這個的意思是，你讓妄念在本覺中自然地解散。當概念無力量營造時，法身的智慧，也就是本覺，就會被實證。

這個美妙境界如何被介紹？誰能認知？如何達到甚深確信證量？它一定是由一位上師向弟子指出，但是學生一定要認出它來，並對它達到深度確信。當弟子了知輪迴涅槃中所有顯現的事物只是本覺的唯一自性時，就是達到深度確信證量。而且不管有多少妄念，都被確認為本覺的展現。這就像汪洋中的浪濤，生起後又回到汪洋中。此時，這些妄念一點威脅性都沒有，只是自性的展現、是本覺的樂趣。這個禪定是沒有對象的。話說沒有對象可禪定，我們不應該誤會這一點；因為我們首先需要認清本覺，然後維持本覺，一直到我們達到深度確信證量，再維持深度確信證量直到解脫為止。因此，盡力維持。

現在，我們來迴向功德。雖然我們目前唸誦這些禱文，但是我們也應該在心裡特別地祈禱，迴向受到這些法教的功德，而且為了所有眾生能被帶至大圓滿道上、並迅速得到解脫而修行。

全文圓滿

善知識系列　JB0088

不依執修之佛果 —— 自性大圓滿現證本來面目教導

原　　　　著／	敦珠林巴
攝 義 科 判／	敦珠法王
講　　　解／	嘉初仁波切
英　　　譯／	桑傑康卓
中　　　譯／	丁乃筠、楊弦
編　　　輯／	丁品方
業　　　務／	顏宏紋

總　編　輯／張嘉芳
出　　　版／橡樹林文化
　　　　　　城邦文化事業股份有限公司
　　　　　　104 台北市民生東路二段 141 號 5 樓
　　　　　　電話：(02)25007696　傳眞：(02)25001951
發　　　行／英屬蓋曼群島家庭傳媒股份有限公司城邦分公司
　　　　　　104 台北市民生東路二段 141 號 2 樓
　　　　　　客服服務專線：(02)25007718；(02)25001991
　　　　　　24 小時傳眞專線：(02)25001990；(02)25001991
　　　　　　服務時間：週一至週五上午 09：30 ～ 12：00；下午 13：30 ～ 17：00
　　　　　　劃撥帳號：19863813；戶名：書虫股份有限公司
　　　　　　讀者服務信箱：service@readingclub.com.tw
香港發行所／城邦（香港）出版集團有限公司
　　　　　　香港灣仔駱克道 193 號東超商業中心 1 樓
　　　　　　電話：(852)25086231　傳眞：(852)25789337
　　　　　　E-mail：hkcite@biznetvigator.com
馬新發行所／城邦（馬新）出版集團【Cité (M) Sdn.Bhd. (458372 U)】
　　　　　　41, Jalan Radin Anum, Bandar Baru Sri Petaling,
　　　　　　57000 Kuala Lumpur, Malaysia.
　　　　　　電話：(603) 90578822 傳眞：(603) 90576622
　　　　　　Email：cite@cite.com.my

版面構成／歐陽碧智
封面設計／周家瑤
印　　刷／韋懋實業有限公司

初版一刷／2013 年 5 月
初版四刷／2021 年 3 月
ISBN ／ 978-986-6409-50-9
定價／ 320 元

城邦讀書花園
www.cite.com.tw

版權所有・翻印必究（Printed in Taiwan）
缺頁或破損請寄回更換

國家圖書館出版品預行編目資料

不依執修之佛果：自性大圓滿現證本來面目教導／敦珠林巴原著；嘉初仁波切講解；丁乃筠、楊弦中譯 . -- 初版 . -- 臺北市：橡樹林文化，城邦文化出版：家庭傳媒城邦分公司發行，2013.02
　　面；　公分 . --（善知識系列；JB0088）
譯自：Refining Apparent Phenomena-Buddhahood Without Meditation
ISBN 978-986-6409-50-9（平裝）

1. 藏傳佛教　2. 注釋　3. 佛教修持

226.962　　　　　　　　　　　101025094

104 台北市中山區民生東路二段 141 號 5 樓

城邦文化事業股份有限公司

橡樹林出版事業部　收

請沿虛線剪下對折裝訂寄回，謝謝！

|橡|樹|林|

書名：不依執修之佛果 —— 自性大圓滿現證本來面目教導　書號：JB0088

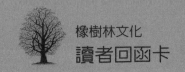

橡樹林文化
讀者回函卡

感謝您對橡樹林出版社之支持,請將您的建議提供給我們參考與改進;請別忘了給我們一些鼓勵,我們會更加努力,出版好書與您結緣。

姓名:＿＿＿＿＿＿＿＿＿＿＿＿＿ □女 □男 　生日:西元＿＿＿＿＿年

Email:＿＿＿＿＿＿＿＿＿＿＿＿＿＿＿＿＿＿＿＿＿＿＿＿＿＿

●您從何處知道此書?

□書店 □書訊 □書評 □報紙 □廣播 □網路 □廣告 DM □親友介紹

□橡樹林電子報 □其他＿＿＿＿＿＿＿＿

●您以何種方式購買本書?

□誠品書店 □誠品網路書店 □金石堂書店 □金石堂網路書店

□博客來網路書店 □其他＿＿＿＿＿＿＿

●您希望我們未來出版哪一種主題的書?(可複選)

□佛法生活應用 □教理 □實修法門介紹 □大師開示 □大師傳記

□佛教圖解百科 □其他＿＿＿＿＿＿＿＿

●您對本書的建議:

＿＿＿＿＿＿＿＿＿＿＿＿＿＿＿＿＿＿＿＿＿＿＿＿＿＿＿＿＿＿＿

＿＿＿＿＿＿＿＿＿＿＿＿＿＿＿＿＿＿＿＿＿＿＿＿＿＿＿＿＿＿＿

＿＿＿＿＿＿＿＿＿＿＿＿＿＿＿＿＿＿＿＿＿＿＿＿＿＿＿＿＿＿＿

＿＿＿＿＿＿＿＿＿＿＿＿＿＿＿＿＿＿＿＿＿＿＿＿＿＿＿＿＿＿＿

＿＿＿＿＿＿＿＿＿＿＿＿＿＿＿＿＿＿＿＿＿＿＿＿＿＿＿＿＿＿＿